だいわ文庫

「自分のために生きていける」ということ

寂しくて、退屈な人たちへ

斎藤 学

大和書房

文庫版のための「まえがき」

一人の大人の心の中には今までに経過した子ども時代の自分がつまっている。彼らの一部は愛着対象を求めて泣いており、他の一部は周囲への疑惑と不信にとらわれて絶望的な孤独の中にいる。

彼らを無視しつづけて日々の現実に会わせて生きることは可能だが、こうした「ロボット化」がもたらす弊害は大きい。個々人の役割だけが着々と遂行され、一連の流れ作業のような毎日が繰り返されながら、私たちの魂は死に瀕している。

アルコール依存を始めとする嗜癖《しへき》（アディクション）は人間のロボット化があたり前になった時代に、これに抵抗する「人間性復活」の意味を持つ。飲酒による酩酊の連続や過食への没入による生活時間の一時的停止は、無効果で不器用な個人テロのようなものだが、それでもそこにはバカを演じる人の「人間くさい躍動」が見て取れる。

だから嗜癖などの衝動行為にだけ注目して、これを殲滅《せんめつ》しようとしても始まらない。嗜癖より危険なのは世間への過剰適応（たとえば共依存）であり、それと鏡像的対称を描く静かな社会不適応（たとえば対人恐怖、引きこもり）なのだ。これらに溺れないために自己を構成するインナーチルドレンの叫びを聞こう。彼らのそのままを受け入れよう。この絶対的自己受容を通して、私たちは人間として復活する。この本はそう主張している。

これが書かれたのは一九九五年〜九六年頃（出版は一九九七年）。「さいとうクリニック」を舞台に最前線の精神科臨床医という仕事に舞い戻った頃の私の考え方が色濃く出ている。

当時、公立研究所の研究職を辞して街で開業しようと思うと言うと、周囲の先輩・同僚たちの殆どから「それは無理だ」「止めろ」と言われた。挨拶に出向いた同門の教授にいたっては、「今までの君は国や都や大学から保護されてたんだよ。これからはそうはいかなくなるんだからね」と危惧してくれた。それほど臨床に向かないと思われていたのかとショックだったが、何とかなるはずと思っていた。

あれから一五年、「まあ何とかやってきた」とは思う。そんなときに本書を読み返してみると、「そのとおりだよ」と手を打ちたくなる。「原点に返れ」と励まされる気分もする。この間、いろいろあったから余計にそう思う。

最も印象的な出来事は二〇〇〇年に「児童虐待防止法（略称）」、翌二〇〇一年に「DV防止法（略称）」が成立したこと。

児童虐待や配偶者間暴力（DV）への対応は、本書が書かれる動機にもなったものだからそれ自体は良かった。しかし法の中身や運用に関してはまだ問題が多い。これらに効果的に対処するためのサバイバー（当事者）による自助的相互援助集団の形成はまだまだ十分ではない。
日暮れて、道はなお遠い。つくづくそう感じる現在だからこそ、この本が読者に支持され、文庫化されると聞くのは嬉しい。大和書房編集部、矢島祥子氏に感謝します。

二〇一〇年九月

家庭機能研究所代表、さいとうクリニック理事長
斎藤 学

はじめに

「退屈」という感覚について語ろうと思って、この本をつくり始めた。なぜそのように思ったかというと、私が臨床家として三〇年来取り組んできた「嗜癖《しへき》」（ものごとに耽溺《たんでき》して自らを害すること）という現象が、この感覚と裏表の関係にあるからである。そうしたものでありながら、退屈感について正面から述べたものが少ないと思ったからである。しかし、退屈感はある種の「寂しさ」を防御することによって生じるものであるので、寂しさという感覚について述べるところが多くなった。

インタヴュアーの質問に応えたものをまとめたものであるが、補足の必要を感じた部分は自分の文章で補った。

退屈感や寂しさの基底には、自己認識の問題が横たわっている。私はこの本を、自分は健康だと思っている人々のために書いたのだが、そうした人々が日常生活の中で感じるちょっとした違和感（たとえば、職場や学校などで覚える「場違い」な感じ）や自信のなさが、私のクリニックに治療を求めてやって来る人々の「私なんか生きていてもしかたがない」という鋭い自己否定と質的に違うものとは思わない。これらはいずれも、現代を生きるものが抱え込まざるを得ない、厳しい自己監視装置から発していると思うからである。自己評価が低すぎて治療を必要とするまでに至っているか、否かの差は、その人が子供時代に受けたトラウマ（心の傷）の質や量によって決まるというのが私の考え方である。傷の程度の差はあっても、家族の中でのトラウマを完全に免れて大人になった人などいないから、人は誰でも自己否定的なところを抱えているのである。

トラウマ後遺症がひどくて治療的に対応しなければならない人々のことを、私はトラウマ・サバイバーズ（傷を負いながら生き残った人々）と呼んだり、アダルト・チルドレンと呼んだりしている。そうした人々は、日に何度も「寂しい」とつぶやく。そのつぶやきを手がかりに、彼らの自己評価を高めるというのが私の毎日の仕事である。その仕事をエンパワメント（力の賦与《ふよ》）と呼ぶが、その一端が、この本の中に述べられている。

あなたは、本当のところ、何をしたいのか。あなたの「個性」、あなたらしい「生き方」とは、どんなものなのか。流行でもない、他人に望まれた像でもない、しかたなく続ける毎日でもない、あなたのホンネはどこにあるのか。そこにたどりつくために、自分の「退屈と寂しさ」に面と向かってみようという試みが本書である。

インタヴューと原稿のまとめに当たっていただいた石川敦子さん、編集を担当していただいた近藤美由紀さんに感謝いたします。

「自分のために生きていける」ということ　目次

Q 「嗜癖」する人は、本当は何を求めているのでしょうか？

第2章 人はなぜ、自分の「欲望」を見失うのか

Q

自分の気持ち、自分の欲望が、なぜわからなくなってしまうのでしょうか?

Q

何が「偽りの自己」で、何が「本当の自己」なのか、どうやって見分ければいいのでしょうか?

Q

自分の欲望がわかっても、欲望には矛盾するものがあります。たとえば、「食べたい、でもやせたい」というようなときは、結局、自分の欲望を我慢するしかないのですか?

第3章
「寂しさ」の裏にひそむ「怒り」をくみ出せ

Q

パワーゲームを降りるというのは、人生をあきらめた人の負け惜しみのように思えます。そんな毎日は、よけいに退屈で寂しいのではないですか?

第4章
あなたの「インナーチャイルド」の声に耳を傾けよう

「Q どうしたら、「惚れこめる」ものに出会えるのでしょうか。具体的にできることは何でしょうか?」

第5章 パワーゲームを降りて「魂の家族」をつくる

Q 自分はパワーゲームを降りたくても、まわりの人間がパワーゲームの価値観の中に生きている場合、どうすればいいのでしょうか？

Q パワーゲームの降り方にはどんな方法があるのですか？

第6章

「一人でいられる能力」が「親密な関係」をきずく

第1章

「退屈」に耐えられず、何かにすがりつく心

Q 毎日が退屈です。このままではいけない、何かしなければと思うのですが、何をすればいいのかわかりません。どうしたらいいのでしょうか？

○たっぷり時間があるのに、何もすることがない

どこか不全感（どこかが欠けているという感覚）を抱いていて、何かしたい、でも何をすれば充実感を得られるのかわからない。こういう人は、とても多いのではないかと思います。典型的なケースをひとつあげてみましょう。

A子さんは、現在、三八歳の主婦です。上の娘さんが小学校三年生になり、下の男の子も小学校に入学して、最近、手が離れました。

今までは、毎日があっという間に過ぎていきました。幼稚園の送り迎え、スーパーへの買い物、炊事、洗濯、部屋の掃除。家にいれば「ママ、ママ」とまとわりついてくる子供の育児と、夫の世話です。

朝起きてから夜ふとんに入るまで、なにかと用事ができてしまい、のんびりテレビを見るヒマもありません。「忙しい、忙しい」が口グセで、「もう少しヒマになれば、自分の好きなことができるのに」と、つねづね、思っていたそうです。

そしてようやく、そんな日がやってきました。息子も学校へ行くようになると、友だちと自分との世界をつくり始めたものですから、A子さんは、昼間、ゆっくり自分の時間がとれるようになった。

ところが、自由になったはずの彼女がまず抱いたのは、のびのびした解放感ではなく、**どうしたらいいかわからないという不安感**でした。誰もいない静かな家の中にひとりでいると、何をしていいのかわからないというのです。

とりあえずテレビをつけてぼんやり眺めてみたり、雑誌をパラパラめくってみたりするのですが、どうにも熱中できず、落ち着かない。ソワソワして誰かと話したくなり、学生時代の友人に久しぶりの電話をかけてみても、子育て中だったり、仕事を持っていたりで、ゆっくり話せる相手がいません。

あんなに「自分の時間がほしい」と思っていたのに、いざ時間ができてみると、することがないのです。考えてみれば、結婚して一〇年間、彼女の毎日には家族しかありませんでした。

ご主人とは恋愛結婚したのですが、今では「ママ」「パパ」と呼び合い、夫婦の会話といっても、もう話題は子供のことくらいです。子供をはさんで会話しているようなもので、ふたりきりになると、何を話していいのかわからないといいます。

結婚前にやっていた仕事はそれなりに充実していたのですが、特別な技能や資格を持っているわけではない。パートで職につくことも考えたけれど、それが本当に自分のしたいことではないような気がするというのです。そうこうして時間を持てあましているうちに、「ヒマになったら好きなことをしたい、なんて思ってたけど、私の『好きなこと』って何なんだろう……」と考え込んでしまった。

子供の面倒を見るという目の前の目標を失ったら、突然、自分が何のために生きているのかわからなくなってしまった。夫との関係は安定していて、変わりばえなく続いていくでしょうし、子供たちは成長して、どんどん手を離れていきます。

これから数十年の長い人生を、いったい何をして生きていくのだろうか。ヒマつぶしにテレビのワイドショーで他人の人生をのぞき見するくらいの、つまらない人生を生きて終わるのだろうか、という疑問が彼女の頭をかすめ始めたわけです。

○時間を埋めつくしても、心のすきまが埋められない

次は二六歳のOL、B子さんの例をあげてみましょう。

B子さんの仕事はメーカーの事務です。仕事は九時から五時まで、残業はありません。短大を卒業して就職したので、もう六年目。仕事にはすっかり慣れ、目新しいことも特にありません。毎日毎日、同じ仕事の繰り返しで、毎年、ほんの少しずつ給料はあがっていきますが、昇進しても係長どまりです。

ときどき、違う業界に就職した友だちの話を聞くと、自分とは全然、違う。たいへんな忙しさです。女性でも今は、夜の一〇時、一一時まで残業するのが当たり前で、休日出勤もしばしばという人がいます。家に帰ってもお風呂に入って寝るだけの生活です。

B子さんも以前は、そんな友だちをうらやましく思ったことがありました。まかされて自分の責任で仕事ができるのだから、やりがいがあるだろう。私のしている仕事など、誰にでもできて、すぐにでも取り替えがきく。私がいてもいなくても、会社にとっては何も変わらない、と思うと虚しいわけです。

けれども、B子さんがそうこぼすと、友だちのほうは「私だって同じだ」というのです。私がいなくなっても会社は何も変わらない。毎日、夜中まで仕事仕事で会社のためにつくして何になるのか、と。彼女にしてみれば、五時で会社が終わって、そのあと自分の時間が持てるB子さんがむしろうらやましいのです。

そんな話を聞いていると、会社に人生を捧げつくすのもバカバカしく思えてきます。それじゃあ、私はもっと楽しもう、アフターファイブを充実させよう、と思ったB子さんは、三年前から週に一回、フラワーアレンジメントの教室に通い始めました。ヨガに通ったり、会社の同僚とおいしいと評判の店に食事に行ったり。同僚と約束している日は、夕方四時頃になると、いま話題のレストランを調べて、同僚と連絡をとり合うそうです。

「今日はこの店にしようよ」

と打ち合わせをして、五時になると早々に会社を出て食事にでかけるのです。

月に一度か二度は、ライブや舞台を観に行ったり、学生時代の友人と会ったり、デートをしたり、B子さんのシステム手帳は、毎日、予定でいっぱいです。手帳を広げて空白の日があると、誰かに電話をかけて予定を埋めないと気がすみません。会社が終わってそのまま家に帰っても、何もすることがなくて、ベッドに入るまでの時間を持てあましてしまうというのです。

けれども、友だちと会って話すことはいつも、合い言葉のように、

「最近、何かおもしろいことない？」

となってしまうのですね。毎日スケジュールでいっぱいでも、充実した日々を送っ

ているように感じられないのです。B子さんは心のどこかで、何かパッとした事件が起こることを求め、人生がガラリとすばらしく変わらないものかと漠然と夢見ています。それは男性との出会いかもしれないし、自分の能力を本当に活かせる、やりがいのある仕事との出会いかもしれません。けれども、どんな方向に変わりたいのか、自分でもよくわからないのです。

「退屈」というのは、ヒマですることがないから「退屈」とは限りません。こんなふうに、毎日やることだらけであっても、やはり「退屈」だということはあるわけです。

○「生き残る」スリルがなくなってしまった

ふたりの女性の例をあげてみましたが、これはそれほど特別な人たちではありません。こういう漠然とした不安感や退屈感を抱えて生きている人はたくさんいます。つい二〇～三〇年前までは、これほどみんなが退屈がってはいなかったと思うのですが、なぜ、こんなに「退屈な時代」になってしまったのでしょうか。

ひとつには、昔に比べて生きることがずっと簡単になった、という理由が考えられます。以前は、「生きる」ことはイコール「生き残る」ことでした。みんな、生き残るために必死で生きていました。オギャアと生まれても、無事に生き残れる保証はありません。病気になって死ぬ子もいたし、家が貧しくて、生まれてすぐ間引かれてしまう子もいました。今なら子殺しの殺人罪ですが、昔はそのようなことがよくあったわけです。

子供が三歳まで生き残れば大変なものです。だから「七五三」というお祝いがあるのです。子供が三歳まで無事に育てば「めでたい」と祝い、五歳まで生きたことを祝い、七歳まで生きたことを祝った。そんな状況だから、子供のほうも、生かしてもらえば、もうそれだけでありがたい。無事に生き残れて、今日も生きていることに、心から感謝と喜びを感じられたでしょう。

女性は、子供を産んで産んで、ようやく下の子が無事に生き残った頃にはもう寿命です。男性は男性で、一家の食いぶちを稼ぐのに精一杯。生きることはサバイバルゲームで、いつ死ぬかわからないスリルが日常に満ちあふれていました。誰も「退屈」だなどと悠長なことを考えているヒマはなかったのです。

今でも、世界の多くの地域で、そういう状況が続いています。この瞬間にも、一日に約四万人の子供が、飢えと病気で死んでいます。私たちのすぐ隣に、そういう世界がある。けれども日本は、経済的に豊かで、医療技術も進んでいます。子供がゴロゴロ死んでしまうことはないし、川に溺死体が浮いていることもない。道端に餓死した死体が転がっていることもありません。

「死」というものは、遠くにかすんでしまいました。「生きる」ことは、いつも「死」と隣り合わせだという裏打ちなしに、生き残るのが当たり前になってしまったのです。自分が、明日、死ぬかもしれないと実感できる人はめったにいないでしょう。私たちにとっては、明日も生きているのが当然のことで、朝、目覚めたときに、

「あぁ、今日も生きていてよかった、ありがたい」

と心底感じる瞬間など、めったに持てなくなってしまったのです。

本当は、私たちの「生」は、それほど安全に保証されたものではありません。「安全だ」というマインドコントロールを受けているようなものです。けれども、そのマインドコントロールが解け、目が覚める瞬間がときどきあります。阪神淡路大震災や、地下鉄サリン事件のときには、誰もが「死」をリアルに感じ、恐ろしい思いをしたことでしょう。

地面はいつも安定しているものだと思っていると、ときには裂けることもあるのです。ふだん、私たちには、「地面は、いつか裂けるかもしれない」という想像力が欠けています。生きるスリルとリアルさを失っていることが、現代人の退屈感や無気力につながっているのではないでしょうか。

○「自分の欲望」が見つからない

もうひとつは、明治以降、西洋から「近代的自己」という概念が入りこみ、「個の自立」が叫ばれ始めたことです。

以前は、「家」という思想はあっても「個」という思想はありませんでした。先祖を含めた「家族」という血縁集団の利益をはかるのが大義名分だったのです。親の考えを受けつぎ、親の家業を受けついで、親孝行するのが一番立派なことでした。親離れして、「個」を確立するのがえらいという発想はなかったのです。

ところが今では、親のいうことをよく聞く男は「マザコン」などとさげすまれ、「自立」することが大命題となりました。女性も「自立したキャリアウーマン」がカッコいい、という風潮です。

時間はたっぷりあるし、どうもすぐ死ぬこともなさそうで、そこへもってきて「個の自立」です。親のマネをして生きるのは恥ずかしいことのようだし、みんなと同じ、右へならえでは「個性がない」といわれてしまう。ちまたには「自分を活かす」「本当の自己実現」などという言葉があふれています。そこで、ただそこそこお金を稼いで生きているだけでは満足できず、誰もが「生きがい」や「やりがい」を求め、「本当の自分」を探し始めたのではないでしょうか。

「自分を活かす」というのは、誰に吹きこまれたものでもない、自分自身の内面から沸きあがってくる「欲望」を充足することでしょう。自分の欲望を満たす方向に行動し、生きる過程こそ、真の喜びをもたらします。そして現代は「あなたの欲望を満たしていいんですよ、どうぞご自由に」という状況が整ったのです。

ところが、そこでハタと困ってしまった人がたくさんいます。「欲望を解放していいですよ、さぁ、どんどん自分自身の欲望を表現してください」といわれても、表現するだけの欲望を持っていない人がほとんどだったのです。

○「対人恐怖」という現代病

金はある、ヒマもある、しかし自分自身がしたいと思っていたことが、「本当にしたいこと」だったのかどうか確信がない。それに、自分をあからさまに他人に表現したとき、それを受け入れてもらえるだろうか、他人から拍手をもらえるだろうかと考えると、すくんでしまうという人がほとんどです。そういう人には、他人から与えられたレジャーを消費するくらいしか、することがありません。

だから何をやっても、充足感が得られない。手近な欲望を発散させようという誘惑はそこらじゅうにあふれているのですが、「これが私のやりたいことだ」という手応えがないのです。心の中には確かに何かの衝動が渦巻いています。けれども、その衝動を満たす方法が見つからない。それらしいものがあったとしても、それを人前に示すのが怖い。ナルシスティック（自己愛的）な自意識を膨張させながら、一方では他人の視線が怖いという、奇妙な不全感にとらわれているのが現代人、とくに若い人たちの現状なのではないでしょうか。

「これでいいのか」という不全感を抱えながら手近なごまかしで日々を過ごすうちに、「退屈」で、しかも「寂しい」という不快な気分にとらわれるようになります。心の中の本物の欲望を外に向かって表現する適切な水路が見つからないのです。

あなたも、こんな状態に陥ってはいないでしょうか。

Q 「寂しさ」と「退屈」は、どのようにつながっているのですか？

○「大人の寂しさ」と「耐え難い寂しさ」はどう違うか

この本は「生きかた」について書かれています。「生きかた」とは、あるいは「人柄・人格」とは、「人間関係のありかた」のことです。そしてさらに、人間関係とは「母と子の二人関係」から始まるものです。寂しさの問題もまた、この原初の人間関係に関わることはいうまでもないでしょう。

私は、寂しさを「大人の寂しさ」と「耐え難い寂しさ」のふたつに区分しています。

「大人の寂しさ」のほうは大人の私たちにも馴染み深い感情で、「一人でいること」「期待した人間関係が絶たれていること」「充実感や高揚感がなく、虚しく感じられること」などに関連し、そこには「怒り」や「恨み」の感情が混入していることもありますが、必ずしもそうであるとは限らない。賑やかな夏が過ぎて、秋になって何となく寂しいなどという寂しさもあります。これらはある程度以上に精神生活が成長してから見られる感情です。

「耐え難い寂しさ」というのは、もっと原始的な感情で、もともと赤ん坊のものです。乳児が母の乳房を求めて得られないときの憤怒、絶望、空虚などの入り交じった感情で、こんなものを大人が感じたとすれば、つらくて怖くて耐えられません。大人になったら、これを感じないようになるかというと、けっこう頻繁《ひんぱん》に感じているものです。そのときにはもう「寂しさ」などという悠長な用語では呼ばれません。それは「パニック（恐慌）」と呼ばれます。

○大人は「寂しい」ときに何をするか

寂しいとき成熟した人は何をするでしょうか？　まず親しい人のところへ行こうとしたり、呼び出したりしようとします。それが無理なら、親密な人との充実した関係を胸に想い描きます。**幸せな自分（の人間関係）をすぐに想い出せることも、大人の条件のひとつ**なのです。「あの人は何をしているかな？」などと考えて、手紙を書いたりします。もう死んでしまった大昔の人と対話します。昔の人は活字の形で語りかけていますので、読書ということになります。対話しながら読みます。今の世に存在して名を知られていながら、自分とは面識のない人とも読書の形で対話できます。要するに孤独なときにも、精神的に成熟した人は「他者と共にある」のです。容易に他者を想起できるのです。

あるいは、自分にとっての最も親密な人である自分自身と楽しい、あるいは充実した会話をすることもできます。今、目の前にある風景について話しあったり、それを絵に描いたりします。切迫した危険な状況にいるなら、それを切り抜ける作戦会議に没頭します。

こうした自分との会話を認知行動療法などでいう「セルフトーク（ひとりしゃべり）」と混同しないでください。セルフトークはモノローグ（独白）で、その内容は自己非難です。そしてその結論は自己評価の低下です。

ここでいう「自己との対話」は、あくまでディアローグ（対話）であり、二人での対話とも違うから一・五人の対話と私が呼んでいるものです。その結論は自己自身による現実の自分の受容ですから、自己評価を上昇させます。こうした自己対話は空想であり、夢であり、遊びです。その中から、詩や小説や絵画や音楽や、その他たくさんの創作が生み出されます。つまり、**「寂しさ」は大人の遊びと空想と創作の宝庫**なのです。

○人は「耐え難い寂しさ」に襲われたとき何をするか

パリの街でパスポートと財布を擦《す》られた男性の話を聞いたことがあります。ちょっと足元に置いた手提げカバンが持ち去られたとき、このパリを愛する人は裏切られたと感じとり、自分の物を返してほしいという切実な欲求と、その願いが届かない絶望と、自分には何もできないという無力感を味わいました。この人（そのとき四〇代の半ばでした）の頭の中は真っ白になり、どこへ行って、何から始めればよいのかわからなくなりました。彼はスリにあった店の前を右に数歩、左に数歩とよろめきながら、ただグルグルまわっていました。人に助けを求めることもできません。少しは知っていたはずのフランス語も頭から蒸発してしまいました。

じつは、その人は私の先輩にあたる精神科医です。ふだん、不安パニックの患者にいやになるほど会っていて、彼らに助言することを仕事にしている人がこの始末です。まず日本領事館に行こう、いやその前にパリに住んでいる知人（私のことです）のところまで歩いて行って金を借りようという比較的妥当な結論に達するまでに、十数分かかったということです。

私はこの話を聞きながら、赤ん坊の持つ絶望感のことを考えていました。彼らが乳房を求めて得られない感じというのを、大人の言葉や振る舞いに翻訳するとこんな形になるのかな、と。

いろいろな理由で、この種の原初的なパニック（恐慌）が大人になっても起こりやすくなっているという人がいます。そういう人はちょっとしたストレス状況ですぐにパニックが起こりますから、それと知れます。パニックは過呼吸発作の形をとったり、失神という形で周囲の援助を求めたりします。錯乱して大声を上げたり、その辺りのものを叩きつけて壊したりということもあります。

○人は「耐え難い寂しさ」をどう心理的に防衛するのか

しかし、こうしたことの起こりやすい人でも、ふだんからこんな痛切な感情にさらされているわけではありません。それではとても、生き続けられない。彼らがどうにか大人をやっていることについては、これらパニックを心理的に「ごまかす」、ないし「防衛する」手段を手に入れているはずです。

その防衛、つまり「自己治療」のひとつが後で述べる各種の「嗜癖」です。嗜癖の最も原初的な形態は赤ちゃんの「指しゃぶり」ですが、これがどんなときに起きるかを観察すれば、嗜癖と「耐え難い寂しさ」のつながりがわかります。

ついでにいえば、指しゃぶりにひきつづく原始的嗜癖はマスターベーション（自慰）です。自慰は四～五歳から活発化することがありますが、そういう場合、子供の置かれている状況が問題になります。それはひと言でいえば、子供が頻繁に「耐え難い寂しさ」に襲われるような状況です。夫婦間の緊張や暴力、安全感の醸《かも》されていない家、母の情緒的不在や親から放射されるはずの「温かいもの」の不足といった状況です。

他のタイプの自己治療として感情の麻痺・鈍麻があります。

痛烈な憤怒や不安が鈍くなれば痛みがやわらぐし、これらの感情から発する暴力などの危険な行為によって自分が傷つくことからも免れます。その代わり、喜びの感情も失われ、喜怒哀楽がはっきりしなくなります。終始ボーッとしていて何を考えているのだかわからない愚鈍そうな子供の誕生です。

これが大人になっても残ると、離人症になります。現実感が失われ、自分の外の世界がガラス越し、カーテン越しに存在するように感じられる。あるいは、ロボットになった自分の動作を、外にいる自分が観察しているといった感覚です。

また別のタイプの自己治療法として、痛みをともなう意識を自分の人格から追放するという手法もあります。これは情緒的傷の回想によって生じるパニックから身を守るのに有効です。要するに最初のパニック場面を忘れてしまえばいい。このように危機的恐怖を意識から駆逐することを、精神分析学の創始者ジグムント・フロイトは「抑圧」と呼びました。そうして忘れることをアムネジア（健忘）といいます。ついでに、そうした残酷な親や冷酷な親の仕打ちも忘れてしまえば楽なものです。

親は立派な親で、ダメな自分を厳しくしつけて立派に育てたのだと親の理想化をしておけば、もっと楽に生きられます。

ただしこの防衛の効果は、親以外の他人から似たような残酷や冷酷を浴びせられるまでの期間しか効きません。同じようなストレス体験にさらされると、防衛線の切れ目から、忘れていたはずのものが噴き出て、その人の意識や振る舞いを覆います（これを「抑圧されたものの回帰」といいます）。こうした状態をディソシエイション（解離）と呼び、それが極端な形で出たものが解離性同一性障害（多重人格、人格の交替）です。

「耐え難い寂しさ」を外部からの攻撃ととらえて、こうした苦痛を与える「バッド・マザー（悪い母）」に対する「バッド・セルフ（悪い自己）」をつくるという防衛法もあります。この「悪い自己」は「良い自己」から分割されていて、両者は意識の中で混在することなく交替します。なぜこんなことをするかというと、そうすることによって苦痛な体験が「グッド・マザー（良い母）」や「グッド・セルフ（良い自己）」を汚染するのを防ぐためです。

実際のところ、完璧に赤ちゃんの欲求を満たす「良い母」など存在しないのです。どんな母も「良くて悪い母」であり、どんな自己も「良くて悪い自己」なのですが、そのあたりの統合が赤ちゃんにはできないのです。

そういうわけで非常に原始的な防衛なのですが、大人になってもこの防衛法を多用する人もいます。その場合には周囲の他者の中から、自己を攻撃する悪者が選択され、これに対応する攻撃的な自己が戦闘態勢に入ります。このあたりのことが比較的あからさまに表現されてしまうと、「境界性人格障害」という診断名がつきます。この場合には、一人の相手が、グッドになったり、バッドにされたりしますから、相手の方はたまらない。相手をするのは多くの場合、精神科医や心理療法家ですが、これら専門家でも対処に手を焼きます。

もうすこし人格のまとまりのよい人でも、こうした防衛法を用いる癖からぬけ出せないでいる場合があります。この手の人はいつも訴訟し、裁判をやっている。あるいは隣人との境界線争いに熱中したりしています。公然と非難できる悪者を発見するのが何よりも嬉しいので、引っ越したばかりでゴミの出し方を間違えた気の毒な人などが血祭りにあげられています。

○退屈感はどこから生じるか

このように「耐え難い寂しさ」の防衛法をあげていくときりがないので、このくらいにしておきます。ここでは「退屈」という感覚、ないし感情に焦点を当てなければなりません。退屈はさして苦しい感覚ではありません。泣いたり、怒り狂ったりするのに較べればラクです。しかし私は、これを健康な大人の感じる孤独感や寂しさと区別したいのです。「大人とは退屈するものだ」とは考えたくないのです。

退屈の感覚の中には空虚感が含まれます。これは「耐え難い寂しさ」の臭いを残す、危険な感覚です。退屈すると、空虚を満たすために人々はスリルを求めます。そこにはさまざまな嗜癖や冒険が含まれ、その一部は自己破壊的です。この感覚はやはり、「耐え難い寂しさ」の防衛されたものだと思います。たぶん感情鈍麻という防衛が生じているのでしょう。それによってスリル感（生きていることを実感させる興奮）を感じる閾値《いきち》が上げられ、滅多なことではスリルが味わえなくなるのだと思います。

もともと毎日の生活は、それ自体がスリルの連続のはずなのです。しかし感情生活が鈍麻すると、人生は退屈の連続へと変わります。だからバンジー・ジャンプのような自己破壊的な強いスリルが必要になり、ひとたびそれに興奮すると、次から次へと興奮に身を任せるようになるというわけです。嗜癖は、この手の人々にお好みのたくさんの危険と興奮を与えてくれます。

Q 「嗜癖」とは、どういうものなのですか？

○退屈のすきまに入りこんでくる誘惑が「嗜癖」を生む

現代は、退屈感のすきまに入り込んでくる誘惑がいくらでもあります。そしてこの誘惑に手を伸ばし、そこからぬけられなくなっている人もたくさんいます。アメリカのセラピスト、アン・ウェルソン・シェフは、その著書『嗜癖する社会』（誠信書房）の中で、現代人が陥っている、病的な堂々めぐりのシステムを描いています。シェフが「嗜癖する社会」と呼んだシステムを簡単に説明してみましょう。

私たちは、この社会の中で、「誰かのために生きる」「社会の要請にそって生きる」ように強《し》いられています。現在の社会システムの中で生きていこうと思えば、「こうするべき」「こうあるべき」という厳しい「べき」に従って、落ちこぼれないように生きていかなければなりません。「これからは○○はできなくてはならない」「○○を知らないなんて遅れている」「いまどき○○ブランドの服を着ているなんて恥ずかしい」など、暗黙のうちに強制されている規範がたくさんあります。

そこからはずれることは差別される恐怖であり、社会で評価を受けられない負け犬になることです。窓際に追いやられないように、情報に遅れないようにと、みんな必死になっています。

本人はサッカーが好きなわけでもないのに、ワールドカップの結果を知らないと会社で話題についていけないので、一応チェックしているという人もいます。常識として「知らなければならない」ことが多過ぎて、それにかまけているうちに、本当に自分の好きなことをするヒマもなくなってしまいます。これでは、いくら忙しくても退屈を感じて当たり前です。好きでもないことを義務感でやるわけですから。

個人の欲望はもっと多彩なはずです。けれども、そんなオリジナルな欲望を持って行動し、実現している人はめったにいないでしょう。その前に「やるべき」ことをこなすのに精一杯で、疲れ果ててしまうのです。社会に適応し、周囲から差別されず、「人並み」に受け入れられることに全エネルギーを注いでいるのです。

こういう社会のありさまを、シェフは「嗜癖システム」と呼びました。

次に「嗜癖」という概念を説明しましょう。「嗜癖」とは、ひと言でいえば、ある習慣への病的な執着のことです。

人間の日常生活には、さまざまな「習慣」があります。食べること、歩くこと、排泄すること、しゃべること、セックスすることなどですが、これらは本来、私たちが生きるために必要な行動です。欲求を充足させ、自分にメリットをもたらすものです。ところが、ときに、これらの習慣がコントロールを失い、デメリットになることがあるのです。

たとえば「アルコール嗜癖」。俗に「アル中」と呼ばれる病気です。退屈な気分をまぎらわすために酒を飲むのは、あなたにも覚えがあるかもしれません。アルコールの力で寂しさが忘れられ、気分が高揚します。けれども、酔いがさめれば、また退屈が戻ってきます。そこでまた、一時の気晴らしを求めて飲む。こうして習慣的に酒を飲んでいるうちに、酒に依存し、酒がなくてはいられなくなるのです。やめよう、もう飲むまいと思っても、本人にもコントロールできない状態に陥っていきます。

楽しく酒を飲んでいるうちは「嗜癖」とはいいません。肝機能障害を起こしたり、飲んで暴れて家族に暴力を振るったり、身体的、精神的にさまざまな障害が現れ、本人や周囲の生命や生活を危険にさらすようになってもやめられない。「それなくしてはいられない、困った習慣」「それに依存し、ぬけられない状態」を嗜癖と呼びます。アルコール嗜癖（アルコホリズム）のように、明らかにネガティブにとらえられるものだけではありません。「ワーカホリズム」と呼ばれる状態も、「仕事依存」「仕事嗜癖」です。社会の中でポジティブに評価されるので、自分の病的な状態に気づきにくいのですが、これも典型的な嗜癖なのです。

社会自体が病的にゆがんでいるとき、その社会に適応しようとすれば、当然、個人もゆがんできます。私は、自分の意志を放棄し、「他人のために生きる」ように強制する社会が健康だとは思いません。その社会に適応しようと汲々《きゅうきゅう》としている私たちは、退屈し、生きにくさを感じています。

けれども、このような社会システムでは生きづらいと行き詰まりを感じながらも、なかなかぬけられません。社会からはずれることが恐ろしく、お互いに監視し合い、依存し合って生きています。こうして誰もが何かに「嗜癖」し、自分自身の欲望を見失っているのではないでしょうか。

○身体的な依存を引き起こす「物質嗜癖」

さて、嗜癖には、大きく分けて三つのパターンがあります。**「物質嗜癖」「プロセス**

嗜癖」、そして**「人間関係嗜癖」**です。「物質嗜癖」や「プロセス嗜癖」は男性に多く、女性は嗜癖対象の幅が狭いといえると思います。女性の嗜癖は、もっぱら「人間関係嗜癖」に集中しています。その内容を具体的にあげてみましょう。

まず「物質嗜癖」。これは、食べたり、飲んだり、注射するなど、物質を体内に取り入れることで起こる嗜癖です。中毒（摂取した物質の有毒な作用を受けること）や、身体的依存（摂取した物質の存在に神経系が順応して、その物質が欠けたり、不足したりすると、自律神経系の興奮などの体調の変化が生じること）などの症状を生みます。

▼アルコール

薬物依存の一種で、進行すれば死に至ります。現在、日本では二二〇万～二五〇万人のアルコホリック（アルコール依存症者、いわゆるアル中）がいるといわれています。一時、主婦のアルコール嗜癖が「キッチン・ドリンカー」として話題になりました。最近ではあまり取り上げられませんが、決して減っているわけではありません。

▼ドラッグ

ヘロイン、マリファナ、コカイン、睡眠薬、精神安定剤などドラッグ類への嗜癖。

飲酒と違って、つくったり、流通させたり、使用することが非合法とされているドラッグもあります。

▼ニコチン

つねにタバコを吸っていないと落ちつかず、口寂しいという「チェーンスモーカー」は明らかに嗜癖です。

▼カフェイン

アルコールやドラッグほど危険ではありませんが、コーヒーなどに含まれるカフェインにも依存性があります。コーヒーを断つとイライラする、一日に何杯もコーヒーを飲まずにはいられない、という状態は「依存」しているといえます。

▼食物

大量に食べ物を食べては吐く「過食症」。やせ衰えて他界した歌手カレン・カーペンターの例で一般に知られるようになった「拒食症」。ひと晩中、冷蔵庫の中の食べ物を食べては吐く行動を繰り返し、バケツ何杯分もの嘔吐物をトイレにも流せず、処理に困る……など、その実態は壮絶なものです。

胃酸の逆流で歯はボロボロ、栄養失調その他の身体疾患を引き起こし、死に至る危険も大きい病気です。

寂しいとつい甘いものを食べてしまう、つねにスナック菓子を口にしている、というような嗜癖もあるでしょう。「やめられない、とまらない」という状態です。

○特定の行動に縛りつけられる「プロセス嗜癖」

何かの行為や過程に執着し、それが自分にとって悪い影響があってもやめられないのが「プロセス（行為過程）嗜癖」です。あらゆる行動が嗜癖になりえますが、その中のいくつかをあげてみましょう。

▼ギャンブル

パチンコ、競馬、マージャンなどのギャンブル嗜癖です。現実の世界で「敗者」であっても、ゲームでは「ときどき勝つ」ことができます。その快感を求めて溺れていくわけです。全てのギャンブルは、ときどきは勝っても、長い目で見れば負けに終わります。しかしギャンブル嗜癖に陥った人たちは、現実の世界に引き戻されるより、

「もしかして勝てるかもしれない」ギャンブルに逃避していきます。

▼**セックス**

酒やドラッグと同じように、気晴らしのためや一時の寂しさを埋めるためにセックスをする人もいます。セックスなしには生きていけない、特定のパートナーがいなければ誰でもいいから、とにかく今夜ベッドインする相手がほしい、というふうに嗜癖化していきます。セックスは人間関係の問題ですから、セックス嗜癖は後に述べる「人間関係嗜癖」のひとつとしても分類されます。

また、ＳＭ、フェティシズム、小児性愛などの性倒錯も嗜癖の一種です。

▼**放火・窃盗**

いわゆる「放火魔」「窃盗癖」です。非合法であり、本人にとっても不利益のはずですが、その人には放火や窃盗が強烈な快感を生むのでやめられません。

▼**仕事**

休日に家にいてもソワソワしてしまい、思わず会社に電話するなど、生活の隅から隅まで仕事で埋めつくされ、家族との関係を含めた人間関係が貧弱になっていきます。むしろ、人間関係を避けるために仕事にのめり込んでいるという場合も少なくありません。「過労死」に続いて、最近では「自殺過労死」が話題になっています。生きるために働いているはずなのに、忙しさのあまり自殺してしまうとは、まともな神経ではありえません。

▼ショッピング

気晴らしのための買い物が嗜癖に陥ります。必要な物を必要なだけ買っているうちはいいのですが、買ってきた洋服を着ないままタンスにしまっていたり、買い物をするときに罪悪感を抱くようになったら要注意です。買い物嗜癖の人は、買ってきたものを隠しますから、クレジットカードの支払いがかさんで返済不能になるまで発覚しないことも多いのです。

この他、宗教、ジョギング、テレビなどの嗜癖もあります。

○「共依存」こそ最もありふれた嗜癖

そして、これらのさまざまな嗜癖に共通する基盤として「人間関係嗜癖」があり、

「共依存」と「恋愛嗜癖」（男性依存／女性依存）がこれに属します。「憎みながらも離れられない」「軽蔑しながら、いないと寂しい」というように、困った関係なのにやめられないといった嗜癖的な人間関係が共依存です。

この「共依存」という言葉は、アメリカのセラピストたちが使い始めたものです。アルコール依存や薬物依存患者の治療のため、患者の家族と関わっているうちに発生してきた言葉です。

私自身、アルコール依存症の治療に長く関わってきましたが、その中でまず気になったのは、患者の妻たちでした。というのは、最初に病院に現れるのは、たいてい本人ではなく、その妻なのです。お母さん、お姉さん、娘さんの場合もありますが、とにかくまず彼女たちが、

「夫の（息子の、父の、弟の）飲酒をなんとかやめさせてほしい」

とやってきます。話を聞いてみると、彼女たちは、何十年もアルコール依存症の男たちに耐えて生活しています。飲んで暴れて殴る夫に耐え、生活費を酒につぎこんでしまう夫を支えて働き、家事、育児までこなしながら、なんとか夫にまっとうに立ち直ってもらおうとがんばっている。なぜ、そこまでがんばるのか、首をひねってしまいます。

ときには刃物で切りつけられ、命からがら逃げ出すこともあるのです。こちらは、そのたびに彼女たちを保護するという面倒な仕事につき合います。ところが彼女たちは、「子供が心配」などといって、またその危険な夫のもとへと戻っていってしまう。なぜ、そんな男のもとへ戻るのか、と。

最初は理解に苦しみましたが、そのうちに「この人たちも病気だ」と思うようになりました。彼女たちは、「アルコール依存症の夫の世話をせずにはいられない」病気なのです。

アルコール依存症の男たちは、プライドが高く威張っていますが、ときどき自分ひとりでは何もできない赤ん坊に返ります。妻に見捨てられては生きてはいけないようになってしまっている。実際、アルコール依存症で入院した男たちは、妻を求めます。暗い病室の中にいると、アルコール禁断時の譫妄《せんもう》が起こってきて、自分が家や仕事場にいると思ってしまう。すると彼らは、口々に妻の名前を呼び始めます。「ケイコ！」「ヨシコ！」と、病棟中に女たちの名前が充満したものです。

あれを聞いていると、アルコール依存症の妻たちは、こんなにも夫に必要とされているのだなと感じます。**他人に必要とされる快感**があるのでしょう。「おれにはおまえが必要だ」と思われ、「この人は、私なしではだめなのだ」と思える。アルコール依存症の男が「彼女なしには生きられない」のと同じに、その妻たちは「『彼女なしには生きられない男』なしには生きられない女」というわけです。

疲れ果て、夫を憎みながら、それが彼女たちの生活を埋めつくしています。彼女たちには、自分自身の中身がないのかもしれません。夫の病気が彼女たちの中身であり、それをなくしたら「自分」というものがなくなってしまうのではないでしょうか。

夫の病気が心配で頭を悩ませている女性たちに、私はいいました。

「あなたが病気だ。あなたの病気のことなら相談にのることができるよ」

「なんていう病気ですか?」と聞く人もいるので、

「〝アル中の妻病〟というんです」などと適当なことをいっていました。

この「アル中の妻病」が、まさに、アメリカのセラピストたちの業界用語として広まっていった「共依存症」なのです。命の危険まで冒しながら、そのような人間関係に依存し、離れられないという病気です。

Q 誰もが他人に依存していて当たり前のように感じるのですが、「共依存」とは、それほど病的なものなのですか？

○「つくす女」も依存症の一種

タバコでもお酒でも、飲みたいときには飲んで、一方で「きょうはやめておこう」と思えれば、嗜癖とはいいません。人間関係でも、必要なときは人に頼ったっていいのですが、「その人なしではいられない」状態になってくると、いろいろ不都合が起こってきます。自分で自分の身の安全も守れなくなります。これでは健康な関係とはいえません。

けれども、社会全体が嗜癖的ですから、それが当たり前に見える「嗜癖」もたくさんあるのです。たとえば、日本で「ふつう」と思われている男の働き方は仕事依存的ですが、私たちの社会の中では「病的」とはされません。

アルコール依存症の男の妻たちは、自分のことではなく、夫や子供の話ばかりします。口を開けば夫のアルコールのことばかりで、「自分」というものを全く持たない彼女たちが、アメリカのセラピストたちには「異常」に見えました。

子供の頃からアル中の父親の世話をして育ち、三回結婚して、その三人ともがアル中だったというような女性がたくさんいるのです。よせばいいのに、またアル中の夫を選んでしまうのだから、彼女たち自身がアル中の夫を求めているとしか思えません。

一人前の大人の男なら、アルコールを飲もうが、それが原因でアル中になろうが、本人の責任なのだからほうっておけばよいでしょう。しかし、彼女たちには、それができません。しょうのないアル中の夫をカゲながら支える、しっかり者の不幸な妻を演じてしまいます。


夫のアル中を支えているのは、じつは彼女たちなのではないか。夫のアル中をやめさせるどころか、夫がアル中であり続けるのをひそかに助けているのが彼女たちではないか。そんな考えから、最初は「共アルコール症」という言葉が生まれました。

それがやがて、もっと広い意味を持つ「共依存症」という言葉になっていったのです。共依存症者は、相手につくし、情緒的な支えになり、いつの間にかその人が「自分なしではやっていけない」ようにしてしまいます。または、そういう相手をパートナーに選びます。

たとえば、家庭内で、妻は夫の身の回りの世話をします。夫は、妻がいなければ靴下のありかもわからず、脱いだものは脱ぎっぱなし、妻がそれを拾って洗濯機に放り込む。

「しょうがないわねぇ、お父さんは」といいながら世話をし、男もまた、世話をしてくれるお母さんのような妻がいるから、いつまでたっても子供のまま。彼女たちは「困った、困った」といいながら、どこか優越感を抱いています。**他人に頼られることで、自分の力を確認している**わけです。

このあたりで、「自分と似ている」あるいは私の「お母さんにそっくりだ」と思った女性も多いことでしょう。実際、日本の女性たちのほとんどは共依存的です。夫や子供の話ばかりする女性を、アメリカのセラピストたちは「異常」と思ったのですが、日本では、それが当たり前の妻の姿なのです。

自分の欲望はさておき、「つくす女」が女の鏡であり、「愛に生きる女」と思われています。裏切られても、だまされても、殴られても、どんなひどい目にあっても彼を信じてつくし続ける。そんな女の「愛」が男の心を動かし、男は改心して本当の愛に目覚める……というドラマが、「美しい愛の物語」として描かれる。そんな男はさっさと捨てて、自分のやりたいことをやって生きている女は、「愛を知らないかわいそうな女」「自分勝手でギスギスした女」として描かれます。

これまでずっと、共依存的な生き方は女性として当たり前のことであり、奨励されこそすれ、病的なものだという発想はなかったのです。

○危険な男にひと目ぼれする恋愛嗜癖者

依存症の家族のケアにあたるケースワーカーだったロビン・ノーウッドは、恋愛嗜癖（男性依存）に陥った女性を「愛し過ぎる女たち」と名づけました。彼女の著書『愛し過ぎる女たち』（読売新聞社／中公文庫）に、その特徴、行動が描かれています。

愛し過ぎる女たちは、どこか問題のある男性を好きになります。アルコールや麻薬に依存していたり、次々と他の女と情事を重ねるセックス依存症だったり、彼女の感情や身体を傷つける男性と関係を持ちます。しかし、そんなトラブルでいっぱいの毎日を忙しく過ごすことが、彼女たちの「気晴らし」なのです。アルコールを飲んで気晴らしをしたり、麻薬で現実逃避するのと同じで、パートナーとの不安定で刺激的な関係に、麻薬のようにとりつかれていきます。

そのパートナーとの関係を失うと、本当に麻薬の禁断症状のような状態になることもあります。吐き気、パニック、不安発作などです。そこで、またその危険な男のもとへ戻っていくか、別の新たなパートナーを見つけようと必死になります。その新たなパートナーもまた、問題のある男性なのですが。

彼女たちは、じつに見事に「問題のある男性」をかぎわけます。「世界にたくさんの男がいる中から、あなたを好きになった」というのが恋愛の始まりですが、愛し過ぎる女たちは、たとえパーティ会場の隅と隅にいても、**自分の病理に見合ったパートナー**を見つけ出します。

それはたいてい、プライドが高く、社会生活においては不器用で、男らしさを過剰に強調した、男尊女卑的な男です。表面的には自信のある態度で、頼りがいのある男性にも見えますが、意外に甘えん坊で寂しがりやな面を見せます。その子供っぽさが彼女をひきつけます。じつは自己中心的で冷たい男なのですが、ときおり見せるやさしさや、彼女の愛に頼ってくる素振《そぶ》りがたまらなく愛おしく、徐々にはまって別れられなくなるようです。彼と離れ、彼がもたらすトラブルがなくなると、心にポッカリ穴があいたような空虚感に襲われ、寂しくてしかたないのです。

だいたい恋愛とは、同じパターンを繰り返すものです。同じようなタイプの異性を好きになり、同じようなパターンで別れることになり、それなのにまた同じようなタイプの相手に出会い、ひと目ぼれする。「出会い」と「ひと目ぼれ」は、危険を引き寄せることがある、というくらいに考えておいた方が無難でしょう。

やさしく安定した、信頼できる大人の男性もたくさんいるはずですが、男性依存的な女性たちは、まず、そういう男に魅力を感じません。「退屈な人」と感じ、「いい人なんだけどね」で終わってしまう。

彼女たちは、子供っぽく依存的な男性を、自分の愛情によって変化させ、自分だけを愛する成熟した男に成長させたいという願望を持っています。また後ほど詳しく説明しますが、依存症は、もともと親との関係、家族関係の中で発生してきます。彼女たちが「問題ある男」を選ぶのは、親から受けた傷を、パートナーとの関係の中で修復しようという試みなのです。冷たかった彼が「やさしく温かい保護者」に変化してくれれば、冷たかった親に受けた傷を癒すことができるのです。

他人から見たら「なんでまたあんな男と……」「わざわざ同じような不幸な目にあう男を選ばなくても」と思うのですが、本人にしてみれば人生をかけた大事業なのですから、そう簡単にはやめられないのでしょう。

○「共依存」と「恋愛嗜癖」はどう違うか

ノーウッドの『愛し過ぎる女たち』は、「恋愛嗜癖」について書かれたものですが、「共依存」との違いを明確にしていません。事実、このふたつは女性の異性関係の中で重複して存在することが多いのですが、区分しておいた方がよいと思います。

A・W・シェフが共依存と恋愛嗜癖を扱った未訳の好著のタイトルは『親密性からの逃走』で、この本の中では両者とも「親密性」とは違うものとされていますが、相互の違いも指摘されています。

ひと言でいえば、共依存は支配、統制などのパワー（権力）と結びついた言葉で、必ずしも性関係と関連しませんが、恋愛嗜癖は異性（や同性）とのセックスを介して「寂しさ」や「退屈」をまぎらわそうとする企みであるという違いです。

恋愛嗜癖者は一見、生活に熟達したアダルトのように振る舞っていますが、実情は、前に述べた「耐え難い寂しさ」（これは本来、乳幼児のものです）に衝《つ》き動かされています。アダルトに見える成人女性の恋愛歴が、じつは男たちの中に母の乳房を求めるという、子供時代の「母の不在」の代償行為であったりするので、関係は「大人と子供」のものになります。

恋愛嗜癖者は、こうした子供っぽいところに特徴がありますから、第3章に出てくるジェットコースター人生に入りやすい派手で破天荒な雰囲気を身につけています。一方、共依存者と呼ばれるような人は地味で目立たない服装を好み、家事につとめながら不幸な結婚生活に耐える「薄幸の人」といった印象です。

○「共依存」と「親密性」はどう違うか

前述のシェフの本にはインティマシィ（親密性）の言葉が用いられていましたが、イギリスの社会学者アンソニー・ギデンスが女性の共依存について書いた本のタイトルも『親密性の変容』（而立書房）でした。この二冊は、いずれも共依存と親密性との相違に深い洞察を試みていますが、それはその必要があるからで、これらは相互に見まちがえられやすいのです。共依存は「偽の親密性」ですから。

親密性については、この本の第6章で取り上げますが、これが「対人恐怖の時代」を迎えた私たちにとって重要な達成課題であることはいうまでもないでしょう。しかし、正面から親密性とは何だと問われると答えるのが難しいので、シェフは共依存にはあって、親密性にはない属性を五項目あげています。

①自己と他者の感情を区分できない

自分の感覚や感情が相手にも分かち持たれていると思い込む。相手の沈黙や、不機嫌そうな表情に接すると、自分が何か相手にとって不本意なことをしたのではないか、自分には欠陥があるのではないかと不安になる。

②不誠実

自分の感情に不正直で、その表現を抑制する。

③支配の幻想

他者に献身しているのだから、その人は自分に感謝し、服従しなければならないと思う。世話する相手が自分以外の者に愛情を向けることが許せないので、そうした状況では相手への支配・世話やきを強める。

④自己責任の放棄ないし他者からの非難への恐れ

「他者からの批判」を極度に恐れ、本来の自分の判断を保留する、あるいは隠そうとする。

⑤自尊心の欠如

自己評価が低いために、他者に奉仕する以外の自己主張の方法を持たない。

一方、親密な人間関係とは、このような不安と支配欲から解脱した関係のことです。それは流動的なプロセス（過程）であって、共依存のように恒常性を持った状態ではありません。親密性が制度や組織というものと相性が悪いのは、ひとつはこの流動性のためです。自分の感情に誠実であるということは、「寂しさ」や「退屈」という苦痛についても敏感であるということですから、そのような人はつねに親密な関係を求めます。求めはしますが、それによって相手や自分を支配・拘束する必要を感じていないので、相手に退屈すれば離れるし、離れた相手を恨むこともありません。結果として、ラクです。

こうした親密感の発達した人の根底にあるのはセルフ・アファメーション（自己肯定）の感覚です。これが彼らに「いきいきした感情生活」を与え、「シラフの（物質や愛情に耽溺しない）生活」そのものを楽しむ能力をもたらすわけです。

共依存者は「偽の親密性」を装う名人です。共依存者の利他主義は、じつは前記の③に述べたような利己主義から発するという矛盾を抱えているのですが、私たちの文化は共依存的な支配と統制を親密性の衣装のもとに覆い隠そうとする企みに満ちています。共依存者は親密でない人の前ではニコニコ仮面を被って、親密な関係を求めているように装います。そして真に自分が関わりたいと思う人には抑うつ的な自己を表現し、深いため息をつきます（ですから、いわゆる「難治性抑うつ」の中に共依存の問題が絡んでいることがあります）。

それは、これを繰り返すことによって、相手を共依存的感情のなかに巻き込み、もう一人の共依存者をつくりあげ、その人物との間で、鍵と鍵穴のように堅固な共依存関係を築くためです。

Q 「嗜癖」する人は、本当は何を求めているのでしょうか？

○嗜癖は、本当の欲望が横道にそれたもの

このように、嗜癖にはさまざまな種類があります。ある行為や結果が、その人にとっての快楽、陶酔に結びつくのでクセになる。嗜癖の本質は「自体愛」（自慰）です。

自慰行為とは、異性を対象にした性愛の「すり替え」に他なりません。それは、陶

酔はもたらすものの、本当の充足感をもたらしません。異性とのセックスという真の欲求充足の偽物に過ぎないからです。**すり替えの行為は、本当のセックスへの欲望をますます高め、自慰はかえって性の欲求を高めます。**

真の欲求充足は、行動の切り替えを起こします。お腹がすいたら食べ、お腹がいっぱいになれば食べるのをやめるのが普通の行動です。

ところが、たとえば過食症の「やけ食い」では、お腹がいっぱいになってもまだまだ食べ続けます。食べては吐き、また食べる。アルコール依存では、最初の一杯が次の一杯を呼び、徐々に自己破壊的な過剰飲酒につながっていきます。他の全ての嗜癖も同じです。

退屈な心のすきまに入り込んでくる何かにすがりつき、それが本当の欲望から横道にそれていることでむなしい繰り返しが続く。これが嗜癖の育っていく過程なのです。

本当の欲望を見つけ出せば、正しく充足することができます。真の欲望を満たすための正しい行動へと動き出すことができるのです。

ところが、退屈していても、自分がなぜ退屈しているのかわからなければ、どこへ向かって動き出せばよいのかわからなくなる。自分と向き合ったときに、あまりの空虚さに耐えられません。自分は何者なのか、何をすればいいのか、迷ってしまいます。

自分の中身のなさに呆然とし、退屈からぬけ出すつもりで、嗜癖にはまっていくのです。

自分の欲望を知る者、欲望を持つ者を「人間」といいます。欲望がないのは「ロボット」です。その中間に、「欲望はあるが、それが何かわからない」という人がいます。こういう人たちが、自分の欲望を求めて横道にそれていくのです。横道にそれた欲望は、満たされない気持ちばかりをつのらせ、限度や節度を知らずにエスカレートしていきます。退屈からぬけ出し、嗜癖からぬけ出すためには、自分自身の本当の欲望を知る必要があります。

それでは、なぜ、人は自分の欲望を見失ってしまうのでしょうか。人として生まれながら、なぜ人間らしく、自分の欲望を追求できないのでしょう。あなたは自分の欲望を知っているでしょうか。あなたの欲望は、いったいどこにあるのでしょうか。

○人間の基本的な欲望とは「母の欲望」のこと

母親の前で泣いている赤ちゃんのことを考えてみてください。この二人の間には言語が介在していません。母親は「オギャー」の叫びを空腹と受けとめるかもしれない。それは本当にそうなのかもしれないし、そうでないかもしれないが、母親が子供の欲望を読みとろうとする。そのこと自体がここでは重要なのです。赤ちゃんの泣き声を「お腹がすいたよ、オッパイちょうだい」と聞きとる母親との関係の中で言葉が生まれ、発達します。そしてその基底にあるのは、乳児の存在をまるごと認める母親の存在です。

こうした乳児に向かう母親の意識と、そこから始まる充足感こそ、人間にとって最も基本的な欲望といえるでしょう。こうした「母親から承認される欲望」のことをフランスの精神分析医ジャック・ラカンは「母の欲望」と呼びました。わかりやすくいえば、「母が自分の存在を欲望しているという欲望」のことです。

○「おねだり」は恨みを増す

人間は他者との間で、この基本的な承認を求める作業を繰り返します。それを「人生」というのです。その出発点で、この基本的な欲望がほぼ満たされている人は、その後の人生が比較的ラクです。「私は人に認められ、受け入れられて当然」と思える人は、特定の状況で特定の他人から拒否されても無視されても、それほどこたえません。「あの人（他者）、変だわ」くらいですんでしまう。

しかし、基本的な承認を受けていない人は大変です。自分の基本的な欲望を満たすためには、まず母（他者）に、「おねだり」しなければなりません。しかし厄介なことに、「おねだり」して得られた充足は、真の欲望を満たさないのです。自分の欲求や欲望（欲求＝必要というのは生理的なものです。欲望というのは、生理的な必要が満たされたという「記憶」によって生じるもので、そこには他者との関係という問題が含まれます）を読みとってもらえないという「寂しさ」がつきまとうために、「おねだり」そのものが嗜癖化します。結果として、「貰っても、貰っても」満足がないという「貪欲」に陥ります。

要するに「おねだり」は恨みを増します。**恨みは他者との関係を破壊する感情**ですから、これが蓄積するとやがて爆発します。この手の爆発は「自己愛性憤怒」と呼ばれるもので、これが承認を求める当の愛着対象に向けられるのです。もちろん、相手は心身ともに傷つきます。思春期になって筋肉の力が増した子供が親を罵《ののし》り、殴るとき、あるいは男が愛しているはずの妻を侮辱し、暴力で制圧しようとするとき、そこに生じているのはこの種の憤怒です。

○対人恐怖者とはどんな人か

「承認」に由来する恨みを抱えながら、「おねだり」もできず、憤怒の爆発も起こさないでいるのが対人恐怖者です。対人恐怖者は他者に承認されることを渇望しながら、そこで生じる「他者からの侵入」、「見知られる不安」に怯えている人です。

自己と他者との「相互承認」が「相互侵入」という危険を冒してようやく成立するギリギリのバランスであること、そうした危険にもかかわらず、あえてこの関係に踏み込むことを「親密性」というのだということは、第6章で再度述べますが、対人恐怖者というのは、この「危険」を冒したがらず、それでいて自分が承認されることを望み、それが得られないことで世の中に恨みを抱えている人であることは、ここで明確にしておいたほうがいいでしょう。

「〝おねだり〟などしないでも、私を受け入れてほしい」という人間としての最も基本的な欲望が、満たされずにいるわけですから、その苦痛はひどいものです。だから治療を求めるようになるのです。じつは、彼らが自分を「対人恐怖者である、治してほしい」と訴えることそのものが、ここでいう「おねだり」なのです。症状を訴えることによってしか、「おねだり」できないくらいだから、彼らは異常にプライドが高い。

でも、この必死の懇願が受け入れられることはまずありません。なぜなら、この悩みは自らが他者（仲間）を承認し、自己の侵入を許す他者の苦痛に共感することによってしか癒せないものだからです。医者に会い、症状を訴えるのは比較的やさしいことですが、仲間と出会い、彼らを相手より先に受け入れるのは難しい。ここに対人恐怖者の治療の難しさがあります。

ですから熟練した治療者は、彼らの訴える症状なるものをひとまず棚上げして、頭を空《から》にすることをすすめます。そうしておいて、まず彼らの生活の外面を充実させようとする。たとえば、ていねいに、一心不乱に部屋を掃除し、日々の日課をこなすといったことです（こうしたことなら対人恐怖者は得意なのです）。そうしているうちに自己の中の他者に気づくようになる。というより、以前は苦痛であった自己との出会いが多少ラクになる。以前はネゲイション（自己否定）に満ちていた自己の内部の声が、自分に優しい友人の声に変わってくる。

こうして自己と自己との一・五人関係の対話が定着してきたとき、自己はすでに「自分という他者」の侵入を受け入れていたことに気づくのです。ここから回復（というより「魂の成長」）が始まり、自己の外部の他者を承認することも可能になります。つまり対人恐怖者とは、「自己に否定的で、厳しい人」のことであり、「他者との間に親密な関係を築く能力の乏しい人」のことでもあります。

Taijinkyofuという言葉は、アメリカ精神医学協会編「精神障害の診断統計マニュアル」第4版（一九九四年）にも登場するようになって国際的になってきました。このマニュアルでは、日本人の文化に結合された特殊地域的な病気として取り上げられていますが、実際はそんなことはなく、アメリカにもたくさんの対人恐怖者がいて、「社会恐怖」や「回避性人格障害」や、ときには「妄想型統合失調症」などの診断名が付けられているだけの話です。ただ日本の精神科医がこの病気に接する機会が多いことは事実で、だから日本には対人恐怖研究の膨大な蓄積があって、森田療法などの治療法もいろいろ工夫されているのです。

ということはつまり、日本社会に暮らす人には「親密性を築く能力」に欠けた人が多いのではないかということに気づかされます。プライドが高い、恥ずかしがり屋でコミュニケーション能力が低い、そのために「仕事で勝負、そら、これだけの成績を上げたぞ、文句があるか」という態度になりやすい。こんなところに日本人の、特に日本の男たちの最も深刻な問題がありそうです。

○「嗜癖」でしか「おねだり」ができない

ふつう精神科医たちは、嗜癖と対人恐怖を関連させて考えることがありません。多分その外面の相違のためだと思います。嗜癖者は、「だらしがない」「自分に甘い」「酔っていたりすれば社交的である」「すぐに他人に頼る」などの印象があるためでしょう。謙虚で奥ゆかしくて、几帳面そうな（そう見えるだけの話ですが）、対人恐怖者の印象とはずいぶん違います。

しかし、仕事依存なども嗜癖であることを考えれば、このふたつには密接な関連があります。というより、「嗜癖者とは対人恐怖者のひとつのタイプである」といい切ってよいと思うのです。

さらにいえば、対人恐怖者は嗜癖という形でしか、「おねだり」ができないのです。嗜癖者に見られる社交性なるものも、じつは「清水《きよみず》の舞台から飛び降りる」ような冷や汗ものの無理であることを、彼らと長く接してきた私は知っています。

もともと親密な関係をつくるのがうまい社交的な人なら、なぜ酔っぱらって賑やかになったりする必要があるのでしょう？　なぜ子供っぽい、甘えの仮装を使って異性関係にのめりこんだりする必要があるのでしょう？

共依存者になると、この関連がよりいっそう明確になります。すでに前に述べましたが、共依存者の特徴のひとつは他人の評価を恐れることです。共依存者についてシェフがあげている五つの特徴（62頁参照）は、そっくりそのまま対人恐怖者のものです。共依存者は他者の「承認」を求めながら、「おねだり」もできないままにそれを断念しているのです。人としての承認を相手に求める代わりに、相手の欲望にひたすら奉仕し、そうすることで「他者にとっての奴隷（あるいはロボットというモノ）」の役割をとりつづけているのです（他者の「奴隷」については第6章を参照してください）。

前に名前を挙げておいたアンソニー・ギデンスは、共依存を定義して「他者の欲望を借りて、自分の欲望としていること」といいました。これこそ、親密性の獲得に失敗した対人恐怖者が他者に対してとるひとつのタイプに他なりません。

○「母の承認」を求め続ける女性

以上のことをわかりやすい形で表現している、一人の女性の生き方を紹介しましょう。その女性は自分のことを「嗜癖のデパート」といいましたが、最初の嗜癖の記憶は、小学校低学年のときのアジシオ依存だったそうです。

そのきっかけは、今まで手作りのおやつを用意してくれていた母親がパート仕事に出るようになったことでした。学校から帰った彼女は、暗い家の中に明かりをつけるところから始めなければならなくなりました。「母の不在」の寂しさを、彼女は過食でまぎらわせました。はじめはコンビニで買うスナック食品でしたが、やがて同じような味のするアジシオで紛らわせるようになり、アジシオの瓶が数日で空《あ》いてしまうようになりました。

この塩味過食は、やがて抜毛癖（毛髪をむしり取る嗜癖）や喫煙癖へと進み、高校時代にはすでに帰宅後の飲酒が常習化していたそうです。自傷行為もやってみました。大学生の時には、過食もアルコール依存も「症」の字を付けておかしくないほどになりましたが、それでも何とか有名大学を卒業しました。

そして就職。自分の自由になる収入を得るようになるとすぐに一人住まいを始め、連夜のバーと居酒屋通いが始まりました。そうした場で気のあった複数の男性と恋愛しました。一人の男性との安定した関係というより、もう一人ないし二人の「スペア」がいつもいるような関係です。「スペア」を置いておくのは、「耐え難い寂しさ」に襲われる不安から逃れるためです。

このように書くと、荒《す》さんだ生活に溺れる病んだ女性のように思われるかもしれませんが、そうではありません。彼女は元気に働いています。自由業的な仕事に就いて業績も上げており、むしろ仕事依存気味です。しかしもっと驚くのは、彼女は三一歳になった今でも、母の前では萎縮した従順な娘であることです。

じつは、彼女はいまだに母親が怖いのです。母親に「見捨てられる」のが怖いので、数多い嗜癖も限度を超すことがありませんでした。過食はしても嘔吐はしませんでしたし、極端なやせにも肥満にもなりませんでしたから、病院とも無縁だったのです。手首切りはしても自分で手当てしましたし、抜毛しても丸ハゲにはなりませんでした。アルコールもタバコも母には隠し通してきたのです。

彼女は母の生き方をよいと思っているわけではありません。それどころか、世間体《せけんてい》を気にして気を遣う母を軽蔑しているくらいです。ですから、専業主婦の母とは全く違った人生を自力で切りひらいてきたのです。そのうえ結婚もしました。つき合いのあった数人の男の中から比較的上等と思える男を選んで結婚しました。今では二歳の子供もいます。しかし、それでも母親からの「それでいいのよ」という承認の言葉がほしい。母のこのひと言の価値は「異性の魅力をはるかに超える」と彼女はいいます。

得られないものを待つ「耐え難い寂しさ」が彼女の嗜癖を生んでいたし、今でも寂しいのです。でも、このことを理解するようになってから、彼女の生き方はだいぶ変わってきました。寂しさを消そうとして、無理することがなくなり、ずいぶんラクになったといっています。

第2章

人はなぜ、自分の「欲望」を見失うのか

Q 自分の気持ち、自分の欲望が、なぜわからなくなってしまうのでしょうか?

○「愛されて当然」という素朴な自己確信を持てるか

人間が健康な発達をとげて成長すれば、自然な欲望を持ち、それを満たすように行動するという、人間らしい生活を送れるはずです。しかし現代は、欲望を知らない「ロボット」人間になっている人があまりにも多い。ロボット人間は、自分では何をどうしたらいいのかわからないので、世間の基準に合わせたり、他人の欲望を満たすために行動したり、「これがよい」といってもらえるモデルをほしがります。

なぜ、人間に生まれながら、ロボットになってしまうのでしょうか。この社会の中で、人間がロボット化していく過程を追ってみましょう。

それにはまず、家族関係を振り返る必要があります。人間の基本的な感情パターン、人間関係のパターンは、家族関係の中でつくられていきます。

子供は、生まれたとき、全く無力です。親に依存し、親との関係に適応しなければ生きていけません。たとえその関係がどんなにゆがんだものであっても、生きていくためには生まれた家族に適応しなければならないのです。

そこで子供は、**「親に適応した自分」**を形づくっていきます。親の期待を読みとり、親の気に入るように振る舞うのですが、特に重要なのが母親との関係です。

乳幼児と母親との関係は、他のどんな人間関係よりも濃密です。母親は、自分の子供を誰よりもかわいいと思い、さまざまな思いや期待を託しています。子供が泣けば、その意味をくみとり、言葉をかけます。乳幼児は、ただ一方的に母親に世話をされて生きていくのです。子供は、こうして、無条件に「愛されて当然」の自分、「大切にされている」自分のイメージをつくりあげていきます。

「自分は、望まれてこの世に生まれてきた」

「このままの私で、人に愛されるはずだ」

……あなたは、こうした素朴な自己確信を持っているでしょうか。「自己愛」というと、「わがまま」「自己中心的」というふうに否定的に考えられがちですが、健康な自己愛は、人間の健全な発達に欠かせません。豊かな人間関係をつくるには、健康な自己愛が必要なのです。

自己を愛し、自分で自分の世話を焼こうという気持ちがあるからこそ、地道な努力もできるのです。**自分を愛せればこそ、他人に対しても温かい感情を向けることができる**のです。「自惚《うぬぼ》れ」といいますが、人に惚れることは、自分に惚れることでもあります。見栄や虚飾ではなく、いい意味で自惚れられる人ほど、他人を愛する能力の大きい人なのです。

試しに、あなたの周囲を見回してみてください。健康な自己愛を持ち、自信にあふれた人は、他人に対して寛容だし、自然に親切にしているでしょう。そういう人は、自分に対して肯定的なだけ、他人に対しても肯定的な感情を持つことができるのです。そしてまた、自分の欲望にも忠実で正直です。

ところが、なかには、自分に対して肯定的な感情を持てずに育ってしまう子供もいます。親から、健康な自己愛を育てる環境を与えられない場合があるのです。どんな場合にそうなってしまうのでしょうか。

○拒絶された子供と、ほめられ過ぎた子供

まず、親から拒絶されて育った子供は、自分に対する確信が持てません。何かしても親から無視されたり、叱られてばかりいると、「自分はダメなのだ」と思うように

なります。はっきりと身体的、性的虐待を受ける場合もありますし、食事を与えてもらえなかったり、風呂に入れてもらえない、衣服を替えてもらえないなどの育児放棄の場合もあります。心理的に不安定な環境でもそうなります。

たとえば、身体が弱く、すぐ入院してしまうような母親は、子供に安心感を与えられません。子供は、いつ母親がいなくなってしまうかという不安で、やすらげないのです。

家庭内に緊張や怒りがみなぎっている場合も、子供はそれを「自分のせいだ」と思いこむようになります。父親がアルコール依存症だったり、両親の仲が悪く家庭内が殺伐としていると、子供は「自分が悪い子のせいだ」と思います。本当は子供には何の責任もないのですが、その子は必死に「よい子」になって、家庭内の調和を取り戻そうとするようになります。

自分が「よい子」になれば、親から認められる。今は「悪い子」だから拒否されている。そういう世界観をつくっていきます。ダメで劣った自分を自分で許さず、憎みます。「このままの自分で愛される」という確信が持てず、つねに「このままの自分では愛されない、もっと努力しなければ、もっといい子にならなければダメだ」という確信を持ってしまうのです。

一方、子供が何をしてもほめそやし、かわいがり、甘やかした場合も、健康な自己愛は育ちません。いつもほめられることに慣れている子供は、たまたま親が普通の態度で接すると、拒絶されたように感じてしまうのです。ごちそう慣れした人が、普通の食事をまずいと感じてしまうようなもので、いつもいつもごちそうを求めるようになってしまいます。子供に適度な規制を加え、欲求不満（怒り）を持たせるのも親の仕事のひとつといえるでしょう。

親以外の他人は、そんなにいつもほめてくれるわけではありませんから、親からの規制に慣れていない子供は、外に出ると拒絶されたように感じ、家の中にこもりがちになります。閉じこもってばかりでは健康的な成長をとげる機会がなく、ますますそんな自分を愛せません。

こんなふうに育った人は、自分の感情や主張を押し殺して、つねに他人の顔色をうかがうようになります。本人の思い描く「理想的な自己」を保ち、他人の目に、その理想的自己が映るように努力し続けます。

しかし、彼の描く理想的自己は、本当の自分とはかけ離れていますから、大変な苦労をともなった、不自由な人生となります。

他人に、理想の自分を見てもらいたいのでウソをつくし、本当の自分を見破られたくないので、人間関係は希薄になります。不当にチヤホヤしてくれる人間や、不当に自分をおとしめる人間とばかりつき合ったりします。おかしいときにはおかしいとい、怒るときには怒るような人間とはつき合えません。文句をいったり怒ったりしながらも人間関係は続いていくということが、彼らには信じられないのです。少しでも、相手の目に映る理想的自己が崩れたら、もう拒絶されたと感じてしまいます。

こういう人にとっての他人とは、理想的自己イメージを保つための小道具に過ぎないので、役に立たなくなれば放り出します。冷たく身勝手で、「条件つきの愛」しか知りません。「あなたがこのようであれば愛する」「こうでなければ愛せない」という「情緒的脅迫状」をつねに相手につきつけています。自分自身、いつもこの「情緒的脅迫状」にさらされているので、他人との関係にやすらげないのです。人に愛されるためには完璧でなければならず、その結果、失敗を恐れ、生きることが怖くなっています。

この「私は愛されている」という気持ちと、「もっとよい子にならなければ」という気持ちは、誰の心の中にもありますが、自己肯定感の強い人もいれば、弱い人もいるでしょう。同じ人でも、調子のいいときには肯定感が強いし、落ち込んだときには弱まったりします。誰もが、ある程度は理想の自己を持ち、それに向かって努力しているでしょう。それは決して悪いことではありません。むしろ、「愛されている」という自己肯定感の強い人ほど、自分にとって実現可能な、適度な目標を設定し、それに向かって健全な努力ができるものです。

ところが、健康な自己肯定感が持てない人の場合、「理想の自己」は、とてつもなく完璧で実現不可能な理想となります。しかも、その理想に向かう気持ちが自発的とはいえず、親や誰かの期待にそうべく努力しています。自分の欲望ではなく、親の欲望を読みとってつくられた「偽りの自己」を生きてしまうのです。

Q 何が「偽りの自己」で、何が「本当の自己」なのか、どうやって見分ければいいのでしょうか?

○子供の心に侵入する「やさしい暴力」

「自分は本当の自己を生きている」と本人が実感として思えればいいのですが、そう思えない人が少なくない。「偽りの自己」を生きている人は、どこか自分でも「ウソくさい」と感じたり、人に媚《こび》を売ったり卑屈になっているような気がして自己嫌悪に陥ったり、自分の人生に満足感を得られないのです。

そこで、「親の期待」にそって「偽りの自己」ができあがってくる過程を、もう少し見てみましょう。

誰でも、親からの何らかの期待を感じたことのない人はいないでしょう。ある母親は、自分が習いたくても習えなかったピアノを子供に習わせようとしますし、ある親は、息子に家を継ぐように期待します。小さい頃から医者になるようにレールを敷く親もいるでしょう。

子供が自分自身で興味を持つものはさまざまです。けれども、親が自分の趣味や価値観を押しつけてきたとき、子供はとても弱いのです。ピアノをやらなければ親に見捨てられてしまうと感じ、親の期待に一所懸命、合わせてしまう。こうして子供は、自分自身の欲望を見失っていきます。

親が子供に対し、「期待」という圧力をかけ、親の価値観を押しつけたとき、子供が思春期になると暴力という形で親に復讐を始めることが、しばしばあります。

よく見られるのは、父親がワーカホリックで、家族との関わりが薄い家庭においてです。父親は職場で自分に期待されていることを読みとり、会社のためにひたすら働いています。夫に向きあってもらえない母親は、関心を子供に向け、子供との密着度が高くなります。

父親と母親が仲良く夫婦をやっていれば、子供は子供で自分の世界をつくり、親から離れていくのですが、このような家庭では、母親が子供にべったりと関わり、その世界観に侵入してしまう。これは一種の暴力です。子供には子供の人生があるのですから。

けれども、経済的にも生活能力的にも無力な子供の心に、親が踏み込むのはじつに簡単です。

「おまえのためを思っていっているのよ」といいながら、自分の期待を押しつける。自分が、子供のために我慢して生きていることを見せ、子供にも、自分のやりたいことを我慢して親の期待を読みとってくれるように育てます。これは「愛情」のフリをした他者コントロールであり、私は「やさしい暴力」「見えない虐待」と呼んでいます。**子供にとって本当に必要な愛情ではなく、「くさったミルク」のようなもの**でしょう。

親にしてみれば、勉強ができていい子だから、つい期待してかわいがっただけかもしれませんが、子供にしてみればいい迷惑です。他人の期待を読みとることばかり上手で、自分自身の欲望がわからなくなってしまった子供は、何をやっても、いきいきとした「真の自己」を感じられず、どこかウソっぽいと感じながら、喜びの少ない生涯を送ることになります。何をやっても他人に迎合しているように思え、そんな自分がイヤになる。

ずっと、親の欲望を自分の欲望と信じ、期待どおりの「よい子」で生きてきた人にとって、「本当の自分」だの「生きがい」だのを探し出すのはひと苦労でしょう。また、親の期待と正反対の生き方を選んでみても、それはただ親に反発しているだけで、自分の欲望を見つけたとはいえません。親の影響力に支配されてできあがった人生という意味では、なんら変わりがないのですから。

このような「やさしい暴力」は、身体的な暴力と違って目に見えない形で行われるので、本人も「私の人生は親に侵入されている」「親に暴力を受けた」という自覚がそれほどありません。はた目には、子供のためを思い、ひたすら子供につくす「愛情あふれる親」なのです。子供のほうは、内心にたまった怒りは大きくても、その怒りをどこへ向けたらいいかわからず、抑うつ、無気力に悩む場合もあります。

こういう人たちが怒りを外へ向けるのは、なんらかの**挫折がきっかけ**になります。学校の成績があがらなくなったり、社会に出たら、世間の要求に応えきれなくなったりしたときです。そうして親に期待される自分を演じ続けられなくなり、かといって、自分自身の欲望も見つからない。八方ふさがりで暴れ始め、親に実現不可能な要求をつきつけたりします。

もともと親自身が、その心を他人に占拠され、他人の期待を読みとって生きることを当たり前と思っている人間です。だから、子供も親の期待どおりに生きてくれて当たり前だろう、私が産んだ子供なのだから……と考えてしまう。つまり、「よい子」の母親はやっぱり「よい子」だったのであり、そのまま生きてきてしまったのです。子供が挫折して荒れ始めたときが、「よい母」にとっても挫折のときといえるでしょう。

○自分の感情を失ってロボット化する現代人

現代は、このような共依存性が非常に高まっています。「他人のために生きる自分」にしつけられた私たちは、自分が他人にとってどれだけいい人か、あるいは有かという基準で、自分自身に市場価値をつけるクセがついてしまいました。

自分を査定するための基準はさまざまです。たとえば女の子たちは、男性からの「美人」「ブス」という評価を自分の中にとりこみ、身長と体重の比で、自分の価値をはかっています。学生なら偏差値、社会人なら学歴や地位でしょう。人間社会というマーケットでの、自分の価値を数値化し、自分が、社会の中でどの程度の商品価値を持っているか値ぶみしています。「他者に対してよい人」「役に立つ人」であれば、売り物として「よい製品」なのです。

けれども、こうした比較をしていると、圧倒的多数の人は、敗者になるしかありません。たとえば一〇人の人間の中で、どの人がよい商品か順番をつけたとしましょう。一〇番だった人は、二番の人を「うらやましい」と思うかもしれませんが、二番の人は「一番の人には負けた」という自己評価をするでしょう。二番の人でも「勝者」にはなれず、「敗者」という意識を持ちます。このマーケットでは、一人の勝者と九人の敗者をつくりだすことになります。

マーケットのグレードが高くなればなるほど、脱落者の数もまた多くなるし、上のほうにいって負けるほど、敗者の意識は強いでしょう。はじめから競争にもならないような人は、それほど「負けた」という意識が強くありませんが、なまじある程度のレベルまで**「勝ってきた」人ほど、負けたときの屈辱感も大きい**のです。

全てのマーケットで死ぬまで勝ち続けたという意識を持てる人は、このような社会が楽しくて楽しくてしかたないかもしれませんが、そんな人はまずいません。誰もが、「こんなのはイヤだ」とうすうす思っています。自己査定という作業をしながら、そのことをなるべく考えないようにしています。

「私は、この社会というマーケットの中で、つねに他人と比較され、価値をつけられ、負けている」

と、はっきり自覚するのは、つらいことです。つらいことをつらいと感じないようにしているうちに、喜びの感情もまた薄くなってきます。自分自身の感情を感じずに、他人の目から見て「よい商品」であろうという努力を続けるとき、人間はロボットとなります。

サラリーマンは、「よいサラリーマン」であろうとしてサラリーマンらしく生きることに汲々とし、教師は教師らしく、男は男らしく、父親は父親らしく生きようと必死です。誰もが、それぞれの役割をロボット的に演じているのです。

共依存的社会では、お互いに相手の価値、自分の価値をはかり合っていますから、その社会に適応するには、ロボット化したほうが生きやすいといえます。この社会の中での「よい商品」でなくなったら脱落するし、「不良品」になってしまったら生きにくいでしょう。そこで社会適応しようと思うと、ロボット化が進むわけです。社会の中での価値と、自分の真の価値を分けておければよいのですが、売り物になりそうな自分の機能にばかり目がいってしまうと、本当の自分を見失い、ロボットの自分しか残りません。

ギリシャ神話に、こんな話があります。ある宿屋の主人が、お客がくるとベッドに寝かせて、大き過ぎる人は足を切り、小さ過ぎる人は引っ張って伸ばそうとし、みんな殺してしまう、という話です。現代人は、みな、この宿屋の主人のようなことを、自分に対してしているのではないでしょうか。

まず、他人から規定された基準があり、それに自分を合わせようとして自分を殺してしまう。「――するべき」という「べき」の論理にとらわれて無理をすることから、ロボット化が始まるのです。

○「男らしさアイテム」をそろえる男たち

私たちの社会で「健全」といわれる家庭は、だいたい共依存的な家庭です。この中で育った男性のほとんどは、知らぬまに母親に侵入され、お母さんにとっての「よい子」として生きています。

そのままでは、自分なりの「男らしさ」を育てることはできません。「男の子なんだからこうしなさい」「男の子はこうするものよ」という言葉で、いつの間にか親からふきこまれた、ロボット的な男らしさを追求するようになります。

彼らは筋肉を鍛えたり、知的、性的な能力で「男らしさ」という鎧《よろい》をまといます。アルコールやドラッグ、自動車、学歴、あまり人が知らないフランスの哲学者の名前や通《つう》な店など、「男らしさアイテム」を一所懸命そろえます。

自分なりの目標が設定されていて、それに向かって追求しているのなら楽しいでしょうが、そのほとんどは「他人にバカにされたくない」という不安が根っこにあります。特に、異性に認められたい、これで女性に認められるだろうかというとめどない不安があり、これらのアイテム収集は、どこまでいっても限りがありません。

男たちは、女性がこうした「男らしさアイテム」に惹かれると思いこんでいるのですが、じつはそうでもないのです。男らしさを必死で演じている男性に不自然さを感じたり、率直なコミュニケーションができない寂しさを感じる女性のほうが多いのです。ところが、振られた男のほうは、「まだまだ男らしさが足りなかった」と勘違いして、ますますロボット的な男らしさに磨きをかけたりするわけです。

こうした努力をつづけられるのならつづけていればいいのですが、無理がたたって脱落し、引きこもってしまう人も出てきます。負けずに努力をしつづける男性たちのほうも息苦しい思いをしている。こんな無理を重ねているのが、今の社会の中で適応的な男であり、勝者とみなされている男たちです。そして、こうした男たちの無理を救うのは、彼らにとっての新しい「お袋」である企業です。会社こそ、おおかたの日本の男たちにとっての母なのです。

日本の会社の中では、自分で設定した目標に向かって他人をかき分けて進むことは、あまり望まれません。それよりも、上司に従順で、同僚にもよく配慮し、他人に迷惑をかけず、きちんと仕事をすることが望まれます。リスクを背負って新しいことを始めるより、失敗しないように保身的に仕事をする人がほとんどでしょう。少なくとも今までは、失敗さえしなければ、終身雇用、年功序列で確実に地位を高めていくことができたのですから。

彼らは、業績を競い、他人に勝ちたいために残業をするというよりは、残業を断ったら上司ににらまれる、職場の和を乱すというような理由で遅くまで残業をします。職場でひとり浮き、仲間はずれにされることは怖い。職場の論理を自分の論理とし、会社に滅私奉公しています。

自分の考えをはっきり主張するのは、この社会の中では「子供っぽい」ことといわれます。自分なりの良心や正義より、「世の中はこういうものなのだ」と見定め、みんながやっているように振る舞う。うるさいことはいわずに「まぁまぁ」と仲良くやっていくのが「大人」の態度といわれています。

自分の考えなど持たないことが奨励されているのですから、「個人の責任」という感覚は育ちようがありません。お母さんのいうとおりにやってきた子供と同じに、会社のいうとおりに生きていく、会社という「家族」にとっての「よい子」ができあがります。

そして、よい子サラリーマンを演じているうちは、仕事以外の責務も免除されてしまうのが、日本社会の特徴です。たとえば、「夫」や「父親」として、家族メンバーの情緒的安定に関わることは無視されてしまいます。こうして、父親は家庭にいるのかいないのかわからない、家庭にいても居場所も役割もない、というような家族ができあがります。

このような中年男性は、仕事が終わった後は、バーやクラブの「ママさん」に甘えにいきます。ママさんは、彼らが、自分の男らしさやパワーを誇示する話を上手に聞き、その子供っぽいナルシシズムを満足させてくれます。いわば、幼児的ワーカホリックたちの保育園といえるでしょう。

○伝統的な女らしさを備えた「良妻賢母ロボット」

女性のロボットで目立つのは、伝統的な「良妻賢母ロボット」です。私から見ると、女性はいまだに、男性が女性に対してつける価値に非常に弱いように思えます。女らしい女とは、かわいらしく、小さく、弱く、子供のように高い声で男に甘える存在という固定観念があるようです。これまでずっと、そういう子供っぽい特徴を備えた女性のほうが、男性の「保護したい」という気持ちを引き出すのに好都合であり、生き残りやすかったからかもしれません。

また、「男らしく」あらねばならないと、必死に「男らしさ」を演じつづける男性にとっては、自分の男らしさをおびやかさないこの手の女性は好都合なのです。

良妻賢母ロボットは、夫をたて、夫に合わせ、生意気な口ごたえはせず、男のやすらぎとなる存在であろうとします。仕事で忙しい夫に心配をかけないように家の中を整え、親戚や近所づき合いをソツなくこなし、子育てをします。姑との関係もうまくやらなければなりません。

仕事をする女性たちもまた、オフィスの中では、男性に期待される自分を演じることから、なかなか逃れられないようです。

男性が今でもオフィスの女性に求めるのは、「職場の花」。男性は女性を「美女」と「非美女」に分類します。女たちがこの分類を受け入れるとき、女性たちは男の支配に属することになります。女はあくまで「女らしく」有能であるべきというのが、多くの男性の考えです。身なりや化粧にもかまわず仕事をするのは「女を捨てた」女であるといわれ、男からの評価は受けられません。そこで女性は、ファッション、化粧、エステ、ダイエットなど、男には必要のないところで膨大な出費を余儀なくされます。

これからの女性は、このような画一的な「女らしさ」に、いつまでもとらわれている必要はないのです。今の女性たちは、男性の保護を引き出さなくても生きていける時代の中にいることを自覚したほうがいいでしょう。

実際、もう「男の目」に合わせることに飽き飽きしている女性もたくさんいます。そんな中から、「女らしさロボット」ではない、新しい魅力を持った女性が生まれつつあるのではないでしょうか。

Q　自分の欲望がわかっても、欲望には矛盾するものがあります。たとえば、「食べたい、でもやせたい」というようなときは、結局、自分の欲望を我慢するしかないのですか？

○結果だけを盗む少女たち

確かに、欲望には矛盾するものがあります。質問にある「食べたい、でもやせたい」という矛盾した欲望が病的な形で現れているのが過食症です。過食症の女性たちは、食べては吐く。食べたいだけ食べてもガリガリにやせています。「食べたい」欲望と「やせたい」欲望を同時に満たすために、「吐く」という手段を使っているわけです。

これは一種の「盗み」といえます。食べたら太るのが、自分の行為の責任をとることです。食べ物を愛していれば、食べた分だけ太ることを受け入れるのが当たり前なのです。けれども彼女たちは、食べ物を憎んでいるのに、やせた体だけ盗もうとする。自分の欲望にそって食べて得た体形は、自分の責任でつくった体形です。その体形である自分をいとおしく思い、大切に思うことができればいいのですが、彼女たちは、食べたいが、太るという責任はとりたくない。

今の世の中で、「太りたい」という女性は少ないと思うので、「やせたい」という欲望はごく当たり前のものでしょう。けれどもそれが、男性や、男性のつくる社会の要請に合わせた欲望であれば、自分自身の目標設定とはなりません。

自分で設定した目標に向かって努力し、その結果の責任は自分でとる。さまざまな欲望の中からどれを選ぶか決定し、どちらか一方を捨てることの結果を自分で受け持つ。こうした健康なありかたからはずれてしまいます。「私がこれを選ぶことに決めた」のではなく、誰かに「これを選ばされた」、なんとなく「これを選ばざるをえなかった」という気分でいるとき、責任の所在は曖昧《あいまい》になってしまいます。

彼女たちの気分としては、「食べたい、でもやせたい」というより、「やせなければならない、やせなければ愛されない、でも食べたい」というほうが近いのかもしれません。そういうわけですから、過食症は「食べたいときに、食べたいものを、食べたいだけ食べよう」と決心したときに治ります。このようにして過食症を克服した女性ジェニーン・ロスの著書『食べすぎてしまう女たち』（講談社）には、このあたりのことが克明に書かれています。

さまざまな欲望を追求することが許されている現代では、自分が決定して行動して責任をとることが重要になってきます。けれども、そこにも矛盾が生じます。**「自分の決定したことの責任をとる大人でありたい」という欲望と、「責任をとらなくてすむ子供でいたい」という欲望**です。

この矛盾した欲望の葛藤は、男性よりも女性において先に表面化してきたようです。

○「自立した女」と「かわいい女」

かつての女性たちは、家庭に入り、受動的に、共依存的に生きるのが当たり前で、その生き方にそれほど疑問は持ちませんでした。けれども、一九六〇年代のウーマン・リブ運動から、そのような生き方とは正反対の生き方が打ち出されてきました。女性は、妻や母という役割に閉じこめられず、自分自身の生と幸福を追求すべきである、という考え方です。

現代では、女性が社会で仕事をし続けることが、ずっと容易になり、普通になりました。それにともなって、仕事をする女性たちは、母親の期待を背負うようになりました。

母親たちの世代は、ウーマン・リブやフェミニズムの風を受けて、新しい考え方を持った世代です。「女性であっても大志を抱く」ことを理想としながら、伝統的な良妻賢母の役割が当然という考え方からもぬけ出せませんでした。彼女たちの心の中には大きな迷いと葛藤が生まれ、その葛藤が家庭の中に緊張を生み出しました。自分が理想のキャリアを追求できなかったのは、妻や母の役割を押しつけられたからだと夫を恨み、子供のせいにする母親ができあがったのです。

自分の欲望を、夫や子供のためにあきらめざるをえなかったと感じている「不幸な母親」の娘たちは、母親の中にある社会的な野心を敏感に察知しています。そして、母親の欲望を自分の欲望として、仕事のキャリアを追求するようになりました。あるいは反対に、母親は「女としてかわいくないから、父の愛を得そこなったのだ」と、母親の生き方を否定し、自分は「かわいい女」であろうと努力する女性もいます。そこから、男性に抱きしめられ、保護される、か細い体形を目指すという欲望も生まれてきます。

いずれにせよ、現代の女性たちは、母親と同じような「矛盾した欲望」を抱えています。しかも、母親たちの世代のように、「夫や子供のために生きる」という共依存的な生き方の中にすんなりもぐりこむことは、以前より難しくなっています。社会的には「自立した大人のキャリアウーマンであれ」という要請が強く、家庭では「女性として」の仕事をきちんとこなすことも相変わらず求められています。がんばり屋の女性たちは、そのどちらもやろうとがんばって、息切れしてしまうのです。

「男性に保護され、男性に甘え、自分で責任をとらなくてすむ女子供」でありたい、という欲望は、押さえつけているだけに高まっていきます。そして「病気」という形で、その矛盾した欲望を解決しようとする人もたくさん出てきました。病気になれば、がんばれなくてもしかたない。自分の能力不足で挫折したと感じることは避けたいので、病気になるわけです。過食症の女性たちの細い体は、「私を保護して、抱っこして」というメッセージといえます。

彼女たちは、自分の「甘えたい」願望を、ストレートに表現できません。口では「自立」をよしとし、「あなたの助けなどいらない」といいながら、体を張って「私にかまってほしい、注目してほしい」と子供のように訴えているのです。

○嗜癖者は、病気の形で社会に「NO」をつきつける

過食症の少女や、アルコール依存症の男性たちばかりではありません。私たちの多くは、ワーカホリックの父親と良妻賢母の母親という共依存者に育てられています。成熟した大人になり、親から離れても、企業という母に依存し、他人の目に依存して

います。

さまざまな欲望を追求できる条件が整っている現代ですが、心理的にはがんじがらめの制約があり、少しも自由ではありません。昔のように堅固な家制度などないのに、相変わらず親の期待からは逃れられないし、あっちの欲望とこっちの欲望が選べず、葛藤している人がたくさんいます。「お金を稼ぐため」に、「社会から落ちこぼれないため」にしかたなくイヤなことまで我慢して足並みをそろえています。自分の欲望を気ままに追求すれば、「わがまま」「常識はずれ」と非難され、足を引っ張られます。

私は、このおかしな共依存的な社会の中で、過食症などの病気になるのも当然ではないかと思うのです。私たちは多かれ少なかれ嗜癖的です。そのゆがみを拡大し、特徴をはっきりと見せてくれるのが、さまざまな「依存症」という病気です。そして、依存症の特徴は、社会の病理性の特徴でもあります。「おかしい、おかしい」といいながら、自分自身、その中にどっぷりはまってぬけられない……。この社会システムの特徴です。

嗜癖者たちは、時代のゆがみを、自分の体で病気として表現しているといえます。彼らは、「他人のために生きている」私たちの寂しさ、怒りを敏感に感じとっている警告者たちなのです。うっかりしていると気づかずに順応してしまうところを、依存症者たちは病気になることで、この社会に「NO」をつきつけています。今の時代に何のゆがみも感じない、何の行き詰まりも感じないという人のほうが、少し鈍いといえるのではないでしょうか。

病気は、ロボット的役割の中に閉じこめられ、そこから出る方法が見つからない人々の「もがき」の表現なのです。病気にならずにふんばり、ふみこたえている人たちの中にも、もういいかげんイヤになっている人は多いでしょう。あなたも社会に合わせて生きることに、飽き飽きしているのではないでしょうか。

「他人のために」「社会のために」生きることを、気づかぬうちにあなたの人生の中身にしてはならないのです。「自分のために生きていく」ことこそ、まず第一にあなたが追求することです。「自分のために生きる」ことが、結果的に他人のためになり、社会に貢献するならいいのですが、他人や社会に自分の人生をのっとられているうちは、本当の意味で、「社会のために」生きることにさえなり得ないのです。

「他人のために」自分の欲望を抑えれば抑えるほど、押しこめた願望は幼児的なまま取り残され、そのうちにコントロールを失って噴出してきます。「私は世のため、人のために生きている」などという、一見、善意にあふれた人の行動ほど危険なものはありません。この種の善意は、自分にも他人にも残酷なルールと批判を押しつけてくるからです。

あなたは、この社会の中で、自分の欲望を見失わずに生きているでしょうか。あなたをさまざまな数値や評価で縛ってくるものから、距離を置いて堂々と生きているでしょうか。たくさんの価値観や選択肢の海の中で、自分の目標と自分の欲望を持って、針路を定められているでしょうか。

もしも今、あなたが自分の欲望を見失っていても、それはそれでいいのです。ロボットのように中身がなく空虚に生きていると感じていても、恥じる必要はありません。そうなったのにはそうなった理由があり、それ自体、あなたの人生の一部です。あなたがロボット化した原因は、あなたが本当の欲望を見つけ出す物語に欠かせないエピソードになるでしょう。その原因を探っていくこと自体が貴重な旅になるはずです。

そのために、自分の退屈感や寂しさから目をそらさず、また適当なものでごまかさず、じっくり向き合ってみてほしいのです。

第3章

「寂しさ」の裏にひそむ「怒り」をくみ出せ

Q 夫も子供もいて人並みに幸せなのに、こんな文句をいうのはぜいたくだと思うのですが、寂しくてしかたありません。この寂しさはいったい、どこからくるのでしょうか？

○世間並みの幸せを満たすことのつまらなさ

自分の中に空虚を抱えたまま、静かに喜びの少ない一生を終える人もいます。けれども、どこかで行き詰まり、自分に向き合ってしまう人もいます。もしもあなたが今、寂しさや退屈を感じているなら、「ぜいたくだ」などと我慢せず、また、手近な何かでごまかさず、自分の心の中をのぞいてみてほしいと思います。それが、自分の真の欲望を見つけ出し、自分のための人生を歩み始めるきっかけになるはずです。

この質問をした主婦のような方は、自分と向き合うきっかけをつかめる人ですね。子供が手を離れてヒマになり、かといって自分のやりたいことも見つからず、何のために生きているのかよくわからなくなってしまった……。そのときこそチャンスなのです。

「こんなつまらない人生に自分を閉じこめて生きていていいのだろうか」という不安。退屈に不安を感じる一番の理由は、自分と直面しなければならないことです。直面すると、自分があまりハッピーな状態にいないということがわかってしまう。その不安を隠すことに、みんな一所懸命になっているのです。

「私は普通の人だ」

「人並みの幸せはみんな手元にあるのだ」

ということに固執し、「幸せと感じるべきだ」と思っている。変化を促すものに対して、非常に警戒します。

けれども、世間から規定された人並みの幸せが、必ずしも自分自身の幸せではありません。世間が考える「幸せアイテム」をそろえて、「あなたはいいわね、お幸せそうで」といってもらったところで、自分自身が「幸せだ」と感じられなかったら、どんな意味があるのでしょう。人並みの安定を守りぬくことが本当に価値があることなのか、と気づいたとき、その人は「退屈」から「行動」へと動き出すことになります。

「自分は不幸だ」と自覚することが、その人を変化の方向に衝《つ》き動かすのです。

その変化は、決して世間の人が拍手をするような、ほめられることばかりではないでしょう。お酒を飲み出す、というのはよくあるケースです。パチンコ依存になる人もいれば、買い物依存になる人もいます。

買い物依存の女性は、たいてい買ってきたものを夫に隠します。クレジットカードの請求書がきて、問題が発覚するまで買い物ができるので、発覚したときにはかなり借金がかさんでいるケースが少なくありません。

こうした問題行動は、「自分は欲求不満で、こんな生活はイヤだ」というサインであるわけです。それをストレートに表現できる人はいいのですが、自分の欲求がよくわからなくなっているので、言葉で表現できず、**ふるまいでホンネを表現する。**買い物をして借金して問題を起こす、というめぐりめぐった形で夫に不満のメッセージを伝えているのです。

けれども、このメッセージが夫に届くまでにはだいぶ時間がかかります。もともと、ワーカホリックの夫たちは、妻の動静など関心がありません。だから、アルコールで肝機能障害を起こした妻が、いつも風邪気味だといってグズグズ寝転がっていても、おかしいとも思いません。妻がアルコール依存症になっていることに気づくまでに、だいぶ時間がかかるのです。

買い物依存でも、ローンの返済で預金通帳の残高がほとんど残っていない、という状態になって初めて気づく。妻に関心を持って見ていたり、いつも話をしていれば、すぐにわかることだし、そういう夫であれば、妻が嗜癖に陥っていくこともないのですが、ほとんどの夫は妻のメッセージの意味がわかりません。

普通は、「なぜ、こんなに借金がかさむまで買い物をするんだ」と腹を立てます。しかし、妻のほうも自分のやっていることの意味がわからない。そこで、妻を殴ったり、実家に戻したりして、夫婦関係が破綻していく場合もあります。しかし、こうして妻が問題を起こすことで、ふたりが一時的にでも離れるのは、お互いに自分を見つめ直すチャンスでもあるわけです。

○妻が恐くて愛せない夫、寂しさから不倫に走る妻

結婚はしたけれど、夫はほとんど家に寄りつかない。夫との関係に満たされていない、という妻は多いものです。そういう夫たちは成熟した女性が怖いのです。彼らは「男はこうあるべき」という男意識に縛られ、自分の性的な能力が検査されているように感じています。

女性のほうは、自分をかわいがって大切にしてくれればそれでいいのですが、男のほうはそうは思っていません。ペニスの膨張率と、セックスのうまいヘタにこだわり、パートナーにバカにされているという思いにとらわれている男は、けっこう多いもの

です。

そういう男は、酒を飲まないとセックスができなかったり、「妻は浮気するはずだ」という嫉妬妄想にとらわれたりします。妻は誰かとデキている、相手といっしょになって自分をバカにしている、と勝手に思いこみ、妻を殴ったりする。そして、自分が男としてダメなことがバレないように、家に帰ってこない。ずっと会社で仕事をして、アフターファイブも楽しんで、はたから見ると、仕事人間で遊び人というタイプ。外で遊びの浮気を繰り返し、一見、成熟した性生活を楽しんでいるようですが、本当は、大人の（自分と対等の）女性が怖いのです。

こんなことをしていても、妻とも浮気相手とも心のふれ合うコミュニケーションができているわけではありませんから、寂しい男です。その寂しさを、さらに仕事や情事でまぎらわそうとします。

妻もまた、「愛されていない」ことをうすうす感じながら、口には出しません。結婚して早々に愛を断念してしまうのですが、これも寂しい。もっと成熟した男を探して、夫を取り替えてしまおうという発想ができる女性はあまりいません。世間並みの安定は守りたいので、自分が女性として愛されていない、もう必要とされなくなったという寂しさを隠すために、過剰に子供にかまける。ところが子供が巣立ってしまうと何も残りません。

そういうときの救いが、一連の嗜癖行動となって表れるのです。「女としての自分をもう一回やってみたい」という欲求に衝き動かされて、不倫という行動に出ることもあります。かつての同級生、ＰＴＡで知り合った学校の先生など、身近な人間関係の中で恋愛は始まります。

こういう人は、自分が「不幸だ」という現実について正直だといえるでしょう。そこで初めて、自分が何かに飢えていることを知るわけです。もうひとつの、別の生き方の可能性を見つけ出し、花開くきっかけになります。

かつては、問題を起こすのは男で、それに耐えるのが女でした。けれども最近、問題を起こせる妻がだんだん増えてきているようです。もちろん、それにともなう犠牲は大きいのですが。

○「表現されない怒り」はいつか爆発する

第1章に述べたように「耐え難い寂しさ」は、痛い感覚です。痛いから、寂しさを感じないように自己防衛する。痛みやショックを受けないよう、感覚を鈍らせてしまうわけです。感情鈍麻です。

こうして感情を鈍麻させていくと「退屈」が生まれます。そして、その裏には強い「怒り」の感情が潜んでいることがあるものです。この怒りを抑えつけていると、喜びも感じられず、無気力、抑うつ状態となっていきます。

人間は、誰もが「承認される欲望」を持っています。お腹がすいて「おぎゃあ」と泣く赤ん坊は、そのままほうっておかれたら生きていけません。赤ん坊の泣き声を「お腹がすいた、おっぱいちょうだい」という意味だと聞き取ってくれる母親がいるから、その欲望が満たされるのです。このとき、母親は、赤ん坊の存在を認め、承認しているわけです。

前に述べたように、この「おねだり」はそれが聞き入れられず、無視されると、「恨み」に変わります。この怒りと恨みがたまると、やがて爆発しますが、これはかなり破壊的な怒りです。愛してほしい相手に向けられ、相手の心身を傷つけることもあります。

夫婦間で起こる暴力問題も、もともとは親子関係の恨みが基盤にあるのです。実際は母親に向けられなければならないはずの怒りが、夫への欲求不満として表現されている場合も少なくありません。

第2章で述べたように、親の期待に応えて生きてきた「よい子」たちが、突然、家庭内暴力を始めるのも、この種の怒りを爆発させているからです。「そのままのおまえでいい」といってもらえず、条件つきの愛で自分の人生を縛ってきた親に対する怒りです。また、「よい母」として生きてきた母親の「表現されない怒り」を、子供が代わって表現する場合もあります。

たとえば、姑との関係がうまくいかず、それでも我慢して生活してきた母親の息子が、突然、暴れ始め、姑（祖母）を攻撃して家庭外に追い出してしまうというようなことがあります。

ある青年は、家業の繁栄だけを考えている祖母と、その姑につかえる両親のもとに育ちました。二四歳のとき、彼は、一家の支配者である祖母に大金を要求し、それを断られると、家中のガラスをたたきわりました。母親に、

「この八方美人！　ロボット！　それでも人間か！」

という言葉を投げつけ、さらに先祖から伝わる庭先のりっぱな門と塀をなぎ倒したのです。恐れをなした祖母は、嫁いだ娘のもとへ逃げ出しました。その後、この青年は、散乱したままのガラスと、壊れたままの門や塀を確認しながら、

「おれはこの家を整理したんだ」

とつぶやいたそうです。そして、くるりと母親のほうを振り向いてこういいました。

「母さん、ババアが出て行ってさっぱりしたろう」

この青年は、世間的に見たらとんでもない暴力を振るっている恐ろしい問題息子ですが、じつは、家族の「隠された意図」を行動に移しているのが彼なのです。この家族の人間関係は冷たく硬直しており、彼のいうとおり、母親も父親も家業繁栄ロボットでした。母親は、確かに姑が出て行ってさっぱりしたことでしょう。こうまでしないと、この家族には変化が訪れなかったかもしれません。

姑を追い出す子供もいますが、父親を追い出す子供もいます。夫婦二人を家から追い出す場合もあります。それまで冷えきっていた二人が、狭いアパートで夫婦二人っきりで暮らすうちに、長時間向き合うようになり、温かい協力関係ができあがることはよくあるものです。子供が問題を起こすことで、母親の「耐え難い寂しさ」が解決されていくのです。

クールな「よい子」で生きてきた親のもとには、こうした「ホットな騒ぎ」を起こす子供ができてくることが多いようです。逆に、アルコール依存症などで、しょっちゅう殴る、蹴ると騒がしい両親のもとで育った子供は、だいたいクールな「よい子」になります。

Q 「寂しさ」と「怒り」はどういう関係にあるのですか？

○「怒り」を抑えれば、「欲求」もなくなる

怒りとは、自己表現と自己主張の芽です。欲求が満たされないことに対する自然な反応ですから、**怒りがあるということは、欲求があるということ**です。赤ん坊の頃は、誰もが何のはばかりもなく自分の欲求を表現していますが、いつの間にかそれができなくなります。というのも、自分と他人の区別がはっきりしてくると、他人との関係が気になってくるからです。

ここで人間が**怒りを抑える三つの仕組み**を考えてみましょう。

ひとつは、**「怒りが相手を滅ぼし、壊してしまうという恐怖」**です。幼児は、自分中心の世界に生きていて、自分の無力さを知りません。周囲の全てを自分の意のままに動かしていると信じているので、自分が怒ると親が壊れてしまうと思っているので

す。

けれども普通、親はいちいち壊れるわけではないので、平気な顔でそこにいて、また自分の欲求を満たしてくれるものです。

ところが、親があまり丈夫でなくて、突然、入院したり退院したりを繰り返すような場合、子供は、母親の病気と自分の怒りを結びつけてしまうことになります。「自分が怒ると母親が壊れる」と思うようになり、怒りを自然に表現できなくなるのです。つまり、怒りを抑え、自己主張ができない気質になっていきます。

もうひとつは、**「怒ると相手に嫌われ、見捨てられるという不安」**です。子供は、少し大きくなってくると、自分は万能ではなく、親に依存して生きているということに気づきます。その相手に嫌われ、捨てられたら生きていけません。そこで、親に対する怒りを抑えるようになるのです。

三つめは、**「心の中は怒りに満ちているけれども、相手が強過ぎるので、とりあえずおとなしくするという抑制」**です。子供が怒ったとき、親がより強力に怒って、暴力を振るうなどして子供の怒りを抑えつけてしまうと、子供の怒りはいつまでも渦巻いて消えません。こうした子供が大人になると、今度は自分が周囲を暴力で抑えつける大人になります。

怒りは、洗練された形でまとまってくると、「自己主張」という表現になります。これが適切に表現されないと、たまってきます。怒りは欲求が満たされないことから起こるのですから、怒りを抑えることは、欲求そのものを抑えることになります。欲求を抑えてしまえば、欲求が満たされる喜びもなくなります。「生きる喜び」自体から遠くなっていくのです。

現代は、欲望を見つけられない人であふれていますが、これは、社会の洗練度にも関係しているかもしれません。赤ん坊の叫び声のような怒りは、ロック・ミュージックや演劇の世界に閉じこめられ、日常生活の中にはほとんど出てきません。喜怒哀楽をはっきり出さず、ちょっとした皮肉やあてつけで怒りを表現するようになってしまっています。

欲求不満がなくなっているわけではないのですが、「怒り」という形で表現するよりも、「寂しさ」という表現をとるほうが容易になっているのでしょう。「寂しい、寂しい」といいながら、じつは強い怒りを抱いている人が、案外、多いのではないでしょうか。

○「耐え難い寂しさ」からジェットコースター人生へ

私たちが生きていて、「一〇〇パーセント自分の欲求が満たされている」と感じることはあまりないでしょう。その意味では、誰もが少しずつは寂しいのです。少し寂しい感じを抱えながら生きている。これは、我慢できる範囲の寂しさです。

けれども、「耐えられない寂しさ」もあります。これは、満たされないと、ソワソワしてしまうような寂しさです。たとえれば、**赤ん坊がお腹がすいて「オギャー」と泣いているにもかかわらず、ミルクを与えてもらえずに餓死してしまうような状態です。このような種類の寂しさを、「耐え難い寂しさ」といいます。**

「耐え難い寂しさ」にとらわれている人は、人生の早い時期に、「恨み」の感情を持ってしまった人です。**「恨み」は、「怒り」が表現されずにためこまれ、腐敗したものです。怒りは一時的なもので、発散されれば終わるのですが、恨みは持続します。怒りは相手の愛を求めるものですが、恨みは相手の破壊を求めます。**

大人になってからの恨みは、特定の人物にだけ向けられるので、他の人間関係にまで影響を及ぼすことはあまりありません。ところが、人生の早い時期に、親との関係の中で恨みを持ってしまうと、その後の人間関係がうまくいかず、孤立が進みます。

人間関係といえば、〈支配する・される〉という上下関係しか持てなくなってしまうのです。温かい心の交流など持てないので、いつも耐え難い寂しさを感じることになります。

ここで寂しさを満たすことをあきらめてしまうと、感情が鈍くなって、寂しささえ感じなくなってきます。これは一見、自己充足に似ています。人と関わり合わなくても、本人は「これでいいのだ」という。そのほうが安全だからです。けれども、その先には離人症が待っています。

離人症とは、世界が生々しく迫ってこないで、自分と外界の間にベールがあるような感じです。「自分が自分でないような感じ」「自分がなぜここにいるのか、わからなくなった感じ」「自分のしていることが、自分でしているように思えず、傍観者のように見ている」「夢の中にいるような感じ」「自分の体が自分のもののように感じられない」というような症状です。

しかし彼らは、痛切に「おっぱい」を求めています。この、なんとかして「おっぱい」をもらおうと探し回っている状態が、アルコール、ドラッグ、恋愛やセックスなどに依存する嗜癖行動です。アルコールを飲むと、周囲がとてもいきいきしてきます。ドラッグをやると一時的に現実感が得られます。車の運転で猛スピードを出したり、スキーに行っても、必ず崖っぷちまで行って滑降するような人生を求め始めます。懲《こ》りずに借金を繰り返したり、危険な恋愛ゲームを繰り返したり……。

　私はこれを「ジェットコースター人生」と呼んでいます。以前、某遊園地のジェットコースターの広告で、「もうこりごりだ、また乗ろう」というのがありましたが、嗜癖者は、こういうジェットコースターのような人生を送っています。そうでないと「生きている実感」が得られないからなのです。

　では、「ジェットコースターに乗るのはもうやめろ」とやめさせたらいいのかといえば、そう単純な問題でもありません。やめたときに待っているのが感情のない世界であるのなら、少しも解決にはならないからです。

　彼らは、「おっぱい」をもらおうと必死なのです。「おっぱい」がほしくてアルコールなどに依存するのですが、そこでは求めている「おっぱい」が得られません。寂しさをまぎらわすだけで、本当に求めているものが得られないので、満ち足りず、また同じことを繰り返します。

　その人が真に求めている欲望を満たす道を見つけなければ、アルコールをやめたところで呆然としてしまうだけなのです。

○自尊心を奪いとっていたものに怒れ

親に過剰な期待をかけられたり、「おまえはダメだ、ダメだ」といわれて育った人は、自分が、当たり前にいろいろなことをできる人間だという自尊心を育てられません。心の中で、「自分はまだまだダメだ」と自己卑下し、いつも自分で自分を叱咤激励しています。そんな人が、まともな精神生活を送っていたとしたら、むしろそのほうがおかしい。

それを「痛み」として感じられなかったら、感情が鈍麻しているのです。痛みを痛みとして感じないように、心を防衛しているのです。鈍麻してしまった感情を、いきいきとしたものに取り戻すためには、「怒る」ことが必要です。

高校時代、毎日のように万引きをしていた少女がいました。彼女は、万引きをしないと一日が終わった気がしないのです。なぜなら、それが彼女の、親への復讐だったからです。自分がもらい損ねたものを取り戻したい。「あれも、これも、本当は私のものなんだ」という気持ちが、「万引き」という行為に現れたわけです。

彼女にとって失われていたものとは何なのでしょうか。それは、「安全な子供時代」と、「人間としての尊厳」なのです。

彼女の父親はアルコール依存症で、それをガミガミ叱る母親との間で、いつも言い争いが絶えませんでした。安全ではない家庭で育ち、自尊心を奪われていた彼女は、学校では「くさい」といってイジメられていました。

そんな危険なところになど行かなくてもいいのに、親が心配したり怒ったりするのを見るのがイヤだといって、がんばって学校に通っていた。彼女が努力しなければならないのは、学校に行くことではなくて、自尊心を育てることです。彼女はイジメにあう必要なんか全くないし、そんなことがあるくらいなら学校になど行かなくてもいいのです。もしも、そんな学校に行くことを親が強要したのなら、親が悪い。

けれども、彼女のように自尊心をはぎとられたまま、全て自分が悪いと思ってしまう人は、いくらでもいます。私は、彼らにこういいたい。

今まで、あなたから健康な自尊心や自己評価を奪いとっていたものについて怒れ。
それによって傷ついていた自分をいたわれ。
傷つけられたあなたが悪いのではなく、傷つけたほうが悪い。
傷つけられたあなたは、癒されなければならない。
これ以上、自分を叱咤激励する必要はない。

今、あなたの人生が、親に乗っとられたままのロボットのような人生でも、それは決してあなたのせいではありません。けれども、これからもロボットのままでいるか、自分の欲望を見つけていくかは、自分の責任で決められます。あなたがロボットのままでいたいのなら、いつまでもそのままでいていいのです。あなた自身が本当にその気になるまで、そのままでいればいいのです。変わりたくなれば、自然に変わっていくのですから。

自分が受けた不当な扱いについて、正当に怒ることができれば、あなたの本当の感情がよみがえってきます。怒りを怒りと感じ、寂しさを寂しさと感じ、喜びを喜びと感じ、自分の欲望をいきいきと感じられるようになるでしょう。

不倫、万引き、過食症……決して世間からはほめられないような問題行動も、自分の欲望を見つける大きなチャンスなのです。何の問題も起こさず、世間からそしられず、無難に、しかしなんとなくブルーで退屈に生きたいのか。たとえ問題を起こしても、それを通りぬけて自分の感情を取り戻し、寂しさや苦痛とともに、生きている実感や喜びを味わいたいのか。

私は、問題を持って悩んでいる人に「おめでとう」ということがあります。「悩みも恵み」なのです。それはきっとあなたに成長をもたらすでしょう。悩みを通りぬけ、寂しさを通りぬけ、怒りを通りぬけた後に、ひと回り成長したあなたは、自分のための人生を生き始めることができるのですから。

Q 退屈から嗜癖に陥るということですが、「寂しさ」と嗜癖はどう関係しているのでしょうか？

○人間関係のパワーゲームは、お互いのコントロール合戦

嗜癖者というのは、とてつもない寂しがり屋です。そしてまた、嗜癖に陥っているうちは、その寂しさを一時的にごまかすことができても、ぬけ出ることができません。嗜癖にハマればハマるほど、その寂しさは深くなっていくともいえます。

寂しさとは、他人に承認されたいという欲求が満たされない感覚であり、嗜癖は真の欲求からズレているわけですから、いくらアルコールを飲んでも満たされず、やっぱり寂しいのです。

また、嗜癖とは根本的に支配をめぐる「パワーゲーム」です。この「パワーゲーム」の価値観の中に生きている人間は寂しい。そのあたりをもう少し考えてみましょう。

親子関係は、基本的に〈支配する・支配される〉関係です。子供は親に依存しなければ生き残れませんから、その弱みにつけこんで支配しようと思えば、親は子供を思うままに操作できます。親のいうことを聞かなければ放り出される、親の期待にそわないと怒られるという恐れから、子供は親に支配されていきます。親と子の関係は、親のほうが上で、子供が下ですね。親が命令する者で、子供はその命令を聞く者です。

けれども、誰でも他人の思うままに扱われるのはイヤなものです。他人の思いどおりにしなければ生きていけないと感じ、他人のいうまま・されるままになるとき、人間は自分の無力さを感じ、自尊心を失います。

そうはなりたくないので、逆に相手を支配し、自分の思うままにコントロールしようとします。**誰かをコントロールできている間は、自分の無力を感じずにすむからです。**親の思うままにコントロールされていた無力な自分を忘れることができ、自分が他人をコントロールできるほどに力をつけたと感じることができるからです。

こうした「上下関係」からぬけ出し、対等な関係を築いていくことが、大人としての成熟の過程ですが、上下関係が根強く残っている場合は、どんな人間関係も、「どちらが上か」という「パワーゲーム」になってしまいます。そして、この「パワーゲーム」は、多かれ少なかれ、誰もがやっていることでもあるのです。なかでも、親に強く支配されていた人ほど、パワーゲーム的人間関係からなかなかぬけ出せません。

嗜癖も、全てこの「パワーゲーム」と「コントロール（支配・統制）の欲求」が根本にあります。

わかりやすい例でいえば、アルコール依存症の男と、その妻の間には、こんな「パワーゲーム」が繰りひろげられます。

妻は、酒を隠したり、こっそり捨てたりすることで、夫が酒を飲まないようにコントロールしようとします。彼の飲酒癖が治るかどうかは、彼女の力にかかっていると感じています。夫のほうは、少しの間、飲まないことで妻を喜ばせ、また飲み始めることで妻を絶望の淵に追いつめることができます。つまり彼は、妻の情緒を思うままにコントロールし、振り回すことができるのです。

両者とも、ときに勝ち、ときに負けるというゲームを繰り返します。ギャンブル嗜癖と同じで、ときには勝って自分のパワーを感じることができるので、ぬけられません。負ければ悔しいし、自分の力不足を感じるので、もっと力をつけて相手をコントロールしようとします。さらに一所懸命、酒を隠し、なんとか夫の飲酒をやめさせようと努力するわけです。

これは、どちらが優位にたったかのコントロール合戦であり、**「負けたくない」というプライドの戦争**なのです。そこには、相手との対等で親密なコミュニケーションは成立しません。これではいくらいっしょにいても寂しいのは当たり前です。

○男のパワーゲームと女のパワーゲームの違い

コントロールの欲求は、他人にだけではなく、自分にも向かいます。自分自身の欲求を完璧にコントロールすることで、自分のパワーを感じることができるからです。

たとえば、アルコール依存症者は、「オレは一杯だけ飲んでやめられる意志の強さがある」と思いたいのです。飲酒の欲求を自分の思うままにコントロールできることを証明しようとつとめ、そして失敗します。一杯は、次の一杯につづいてしまい、結局、泥酔してしまう。この敗北を承認できないままに、また挑戦し、また失敗しては絶望の淵に沈みます。つまり、アルコールを相手に、パワーゲームを繰り返しているのです。

過食症者は食べ物を相手にパワーゲームをやっています。ダイエットという食コントロールをしようとしては失敗し、猛烈に食べてしまう。食べながら食べ物を憎み、今度こそ完璧にコントロールしてやろうと思うがやはりできず、敗北し、自己嫌悪に陥るのです。

反対に、神経性無食欲症者は、自分の食欲を完璧にコントロールしているという「勝利の感覚」を持っている人たちです。はたから見たら、針金のようにやせ衰えている病人ですが、彼女たちは「コントロールしたい」というパワーゲームに勝っているわけです。だから、病気は治りにくい。食欲のコントロールに失敗し、自分の「負け」を認めざるをえない状況にいる過食症者のほうが、じつは回復に近いのです。

けれども、過食することで、周囲の人の情緒を振り回すというパワーゲームを始めてしまうと、過食を止めることはできません。アルコール依存症者と同じで、周囲に振り回される人がいる限り、「自分の思うままにコントロールしている」感覚が味わえるのですから、そのパワーゲームから降りられないのです。

アルコール依存症者に限りません。私たちはパワーゲームの社会の中に生きています。男のパワーゲームは、単純素朴でわかりやすいものです。筋肉と、仕事上の支配権争いと、性愛の能力です。筋肉の力・マッスルパワーと、金力・マネーパワー、セクシャルパワー。男はだいたい、この種の「キン力」で他の男に勝とうとしのぎを削って、いつも無理をしているのです。

心理学者のデイビッド・マクレランは、「男はパワー賦活《ふかつ》のために飲む」といいました。実際、男は酒を飲むと、よく自慢話をします。その場にいない者を攻撃したり、「おれだけがえらい」といい始めます。いっしょにいる相手にも、それを納得させようとしますが、相手のほうも酔って自分が一番えらいと思っていたりすると、ケンカになります。男同士は、本当に筋肉と支配のパワーゲームが好きです。

一方、女性のパワーは、これまでにも出てきたとおり、「人の世話をする」ことに使われます。酒の席にいくと、男性に酒をついだり、「そんなにタバコを喫《す》っては体に悪いわよ」などと心配したりします。力ずくで相手を自分に従わせるのではなく、相手を心配することによって、相手の悪い点を直してあげようという意図があるようです。「あなたのため」という利他主義のコントロールという、手の込んだ形のパワーゲームです。

○他人の評価で勝ち負けの決まるパワーゲームは苦しい

さて、本当に「キン力」で勝っている男はともかく、自分に自信がなくて、なけなしの力を誇示することに気をとられ過ぎている男性は多いものです。金歯から指輪まで、全身を金でギラギラさせているというのは、さすがにみっともないと思われるようになったようですが、洗練されているかに見える男性でも、セックスについてだけは誇示したがるところがあります。自分の男性性に自信のない男に限って、セックスの力を誇示したがるようです。

男性の場合、インポそのものより「インポノイローゼ」がひどく多い。催淫産業とでもいうのでしょうか、男性週刊誌にはその手の広告が異様に目につきます。二〇ページに一ページくらいは、「恥をかかないために」「女性を喜ばせるために」などという広告が入っています。古来、男はこの問題に悩まされてきたのです。

女性のパワーゲームのひとつには、よりよい夫をつかんだものが勝ち、というのがあります。一時期、「三高」などといって、高学歴、高収入、高身長の男性をつかまえようという欲望が、かなりあからさまに語られていました。最近では、女性でも「何十人の男とセックスした」ということが自慢になる風潮もあると聞きました。

以前は少なかった女性のアルコール依存症がどんどん増えてきたように、男性と同じような形のパワーゲームが女性の間にも浸透してきたのでしょう。誰が何人の男や女とセックスしようがかまわないのですが、その数を「競う」ということになると、あまり質がいいとはいえない。何人もの男とセックスした女でないと「いい女」と認められない、というのでは、自分の評価を他人の基準ではかっていることになります。

他人の評価で勝ち負けの決まるパワーゲームは苦しいものです。男は以前からこのような苦しみにさらされつづけているのです。最近では、女性もその苦しいパワーゲームに参加し始め、「これは苦しい」と気がつき始めている人も多いことでしょう。もうそろそろこのゲームから降りたいけれども、どうも降り方がよくわからない、というのがホンネではないでしょうか。

他人の評価から降りるということは、これまでにも述べてきたように、この共依存的な社会、嗜癖社会のシステムにまきこまれず、自分自身の価値観をつらぬくということでもあります。

○自尊心を持ってパワーゲームを戦おう

人間が生きていくのは、ある意味、生き残りのための戦いですから、パワーゲーム自体から全て降りてしまうということは無理でしょう。仙人のように山にこもって霞を食って生きていけるのならいいのですが、私たちはやはり、この社会の中で日々の糧《かて》を稼いで生きていく必要があります。

けれども、「勝つ」ことだけに重きが置かれてしまうと、何かが狂ってきます。パワーゲームから降りるというのは、ゲーム自体を降りることではなく、勝ち負けの結果にこだわるのをやめることなのです。

ですから、正々堂々とゲームを戦って、負けるときは潔く負ければいいのではないでしょうか。挫折したときは挫折したと素直に認めればいいのです。今の自分には能力不足だと感じたら、次の機会に向けて力を養いましょう。勝ったのなら、胸を張っていればいい。スポーツの場面などで、ゲームが終わった後、勝者が敗者に手をさしのべ、敗者が勝者を讃えるように。

マラソンランナーの孫基禎《ソンキジョン》（ベルリン・オリンピック代表）がこんなことをいっています。

「戦争は、弾に当たったら死ぬんだよ。勝っても死ぬんだよ。負けても死ぬんだよ。（スポーツは）勝負のときは国があるけど、終わったらユニフォームを交換したり、笑ったりする。平和だよ平和。また明日やろう。今日は負けたけど」

人間同士で繰りひろげるパワーゲームが、「勝つ」ことだけが目標の戦争になってしまったら、勝っても負けても、どちらも弾に当たって死んでしまうようなものです。けれども、孫基禎のいったように気持ちよくパワーゲームを戦っていくことができれば、楽しみにもなるのではないでしょうか。

スポーツも、本当に楽しいのは、目標に向かって努力していく過程です。勝つことはもちろん、自分自身の目標になりますが、勝ち負けにこだわり過ぎると楽しみがなくなってしまいます。一所懸命、練習した結果、勝てばうれしい。負けたら、「また明日やろう、今日は負けたけど」と、また練習を積めばいいのです。

負けることは痛みをともなうので、なかなか正々堂々と負けられない人もいます。自分でも本当は「負けている」とうすうすわかっているのに、つい勝っているふりをしたり、相手の足を引っ張ったり、ズルをして勝とうとする者も出てくるわけです。健康な自尊心がある人なら、そんなごまかしをすることが決して自分を大切にすることとは思えないだろうし、正々堂々と戦うほうが気持ちがいいはずなのですが。

自尊心を奪われている人は、自分を大切にする感覚が失われています。自分が正しいと思うこと、自分が美しいと思うことを貫いて潔く負けるより、数値ではかれる「勝利」だけにこだわってしまうのです。そこから、さまざまな不正も生まれてきます。

「勝ち負け」「優劣」をつける社会の中で、どちらが優位に立ったか一喜一憂しながら駆け引きをする。そんな人間関係しか持てなければ、寂しいのは当たり前です。その人にとって、周囲の人間は全て「競争相手」なのだから、「友だち」にはなれません。表面的には友だちのふりをしていても、心の中ではいつも、「あいつには勝っている」「あの人には負けた」と勝敗の結果をつけているのですから。

これでは負けても寂しいし、勝っても寂しさは埋められません。勝ったときにしか快感が得られず、次は負ける不安と恐怖におびやかされます。自分が他人に値段をつけているのだから、当然、自分も相手に値段をつけられているとつねに感じ、「私はどんな評価をされているのだろうか」と怯えることになります。これほど心が落ちつかない人生はありません。他人に「勝つ」ことなど、人間の本当の欲望ではないはずです。

それでは、なぜ勝ち負けだけにこだわってしまうのかといえば、自分の本当の欲望からそれたところでゲームをしているからなのです。好きでもないことをやっていたら、せめて勝つことくらいにしか、楽しみが見出せないからです。

自分が好きなことを一所懸命やって、その過程が楽しければ、勝ってうれしくても、負けて悔しくても、「また明日」とやり直すパワーが湧いてくるでしょう。じつは、結果偏重の価値観から降りたところに、本当の喜びがあり、本当のパワーがあるのです。

Q　パワーゲームを降りるというのは、人生をあきらめた人の負け惜しみのように思えます。そんな毎日は、よけいに退屈で寂しいのではないですか?

○「惚れこんだ数」が、心の預金通帳を豊かにする

あなたは、これまで数十年の人生を生きてきて、心の中に輝く宝物をいくつ持っているでしょうか。

初めて友だちの家に泊まりに行ったときの思い出や、ひとりで自転車に乗って遠出した帰り道。初恋の人との会話や、クラブ活動で強豪に勝ったときの感動かもしれません。旅先で出会った人、徹夜で同僚と仕事を仕上げた朝を思い出す人もいるでしょう。

あなたがいきいきと喜んだり涙を流したりしたその経験は、心の奥深くに、エッセンスとなって残っているはずです。それは、何ものにも替えがたい、貴重な宝です。預金通帳の金額よりも、本物のダイヤモンドや金貨よりも、心の中のダイヤモンドが

増えていき、心の中の金貨が増えていく。それが人生の豊かさではないでしょうか。

人生が終わるとき、どれだけそうした美しいエッセンスを心に持って棺に入るか。心の預金通帳を、どれだけ豊かに増やしてあの世に行けるか。本当の人間の勝負はここにあるのです。

人間同士の勝った負けたのパワーゲームは、勝っても負けてもつまらないものです。けれども、心に得た宝石の数は、他の誰でもない、あなたを満足させてくれます。他人に自慢する必要も感じないし、他人に評価してもらおうとも思わないでしょう。なぜなら、それは確かに心の中に豊かにあふれて、あなたを気持ちよくさせてくれるからです。

私は、この「心のリッチネス」は、「惚れこんだ数」だと考えています。人間は、何かに惚れこんだとき、その対象にドキドキとときめきます。そのことにエネルギーを費やすことを惜しみません。なぜなら、それに時間とエネルギーを費やす、そのこと自体が楽しいからです。

たとえば、誰か特定の異性に惚れこんだとしましょう。その人を愛して愛して、でも振られてしまったら預金はゼロかというと、そうではありません。振られても、嫌われても、その人にときめき、自分の豊かな感情を表現でき、いきいきした時間を過ごしたことで、心の宝が増えていく。いつも心地よい陶酔感にあふれ、退屈など感じているどころではありません。

反対に、振られるのを恐れて惚れこめない人は、いつまでたっても心の預金通帳はゼロのままです。いつも寂しさと退屈感にとり巻かれていることでしょう。

地面を深く掘っていくと地下水があふれてきたり、鉱脈が見つかるように、あなたが「惚れこみ」のエネルギーを注げば、それはいつか心の奥深くに届き、鉱脈から宝があふれ出てくるのです。

○本物の「惚れこみ」は、他人の評価とは無縁

本物の「惚れこみ」ができる人というのは、自分に正直な人です。他の人の評価にまどわされず、自分の好きなものを好きといえるし、自分のやりたいことを追求できます。

異性を好きになるとき、見目うるわしいとか、ちょっと連れて歩くのにいいとか、金持ちかどうかで考えているときは、他人と比較しています。そういうときは、「惚れる」といっても、本物の「惚れ」かどうかあやしい、質の悪い惚れ方といえます。

本物の惚れこみは、かなりノーブルな精神を持っていないとできません。誰になん

といわれようと、「私は私」という強い健康的な自己肯定感が必要です。相手が自分に惚れているかどうかにも関係なく惚れるわけですから、自発性がなければできません。

人間以外のもの、意外なものに惚れてしまうこともあります。人並みのものに惚れている分には、みんなに「変だ」といわれませんが、ミミズやフンコロガシに惚れこんでいる人などは、「オタク」といってバカにされることもあるでしょう。しかし、そこで「オタク」といわれたくないがために、人並みのものに惚れこもうとするのは、自分に正直ではない。「こういうものに惚れるのは恥ずかしい」「こういうものに惚れるのがカッコいい」という世間的な基準に合わせてみたところで、本当の楽しさは感じられないのです。

世間的な評価ではカッコ悪いことでも、自分がやりたいことなら、どんどんやってみればいいのです。バカなことであれ、恥ずかしいことであれ、それが自分のやりたいことであれば、あなたはそこから宝を得ることができるのです。「こうしておけば、ほめられるだろう、カッコいいだろう」というだけの理由でやったことは、人に誹《そし》られることもありませんが、心の預金通帳はさっぱり増えないものです。

『ファーブル昆虫記』のファーブルは、あれだけたくさんの本を著しましたが、観察フィールドは住居の近所のごく狭いところに限られていたといいます。その狭い土地が、彼にとっては宇宙そのものでした。その季節季節にさまざまな虫と出会い、観察しています。

しかも、ただ出会っているだけでなく、いつも「なぜ、なぜ」という厳しいクエスチョンを持っています。「なぜ」というのは欲求不満の状態です。欲求不満は人を衝き動かし、人を育てます。男が女を求めるのと、ファーブルが昆虫を求めるのは、たぶん同じ感情によるものでしょう。学者にとっての欲求不満は、クエスチョンなのです。

彼が、自分の妻とフンコロガシのどちらを愛していたかはわかりません。妻にとっては「つまらない男」だったかもしれませんが、彼にとっては非常に充実した生活だったでしょう。「なぜ」という疑問を持って、観察し、解明する。これは質の高い惚れこみだと思うのです。ファーブルがひたすらフンコロガシの生態を観察していたとき、周囲の人は誰もほめなかったでしょうし、他人と比較して「勝った負けた」の競争もなかったはずですから。

クエスチョンを持って研究に励んでも、「他人より自分が早く解明したい、一番に解明したい」となってくると、あまり質は高くありません。解明する楽しみより、一番という名誉にあずかるほうが主目的になってしまいます。そうなった時点で、心の宝からは遠くなっていきます。なぜなら、「一番という名誉」を求めることに重きが置かれていたら、それが得られなかったとき、注いだエネルギーは全て「ムダ」になってしまうからです。

しかし、無償の行為としてエネルギーを注ぎこんだときには、たとえ他人から評価を受けなくても、少しも「ムダ」にはなりません。注いだ全てのエネルギーが、それ自体、心の報酬となるのです。

○他人に惚れるには、まず自分自身に惚れこむこと

さて、それでは「金持ちでもなく、美男でもなく、何の価値もなさそうな人」を選んだからといって、「私の惚れこみは本物だ」といえるかといえば、そうではありません。

自己評価が低く、人から拒否されることが恐いので、人気商品には手を出さない、という人もいます。

「あんなステキな人が、私なんかを好きになるはずはない」

という信念を持つ人です。このような人は、あまりみんなが手を出さない不細工で

金もないような男をあえて選ぶ。モテない男なら、他の女性に持っていかれる恐れがないというわけです。

この女性は、このような動機で選んだ男性を愛せません。二人の関係は緊張し、やがて破綻し、女性の自己評価はいっそう下がります。

根源的な惚れこみは、結局、自分自身に向くものです。

相手の中に何を見るかは、自分の心をのぞくことであり、世界の発見は、自分自身の発見でもあります。相手の中に発見したものを愛せるかどうかは、自分自身を愛せる能力にかかっています。

相手を抱きしめられる人は、自分自身を抱きしめられる人です。自分の中の何かを排除し、否定している人は、その部分を誰かの中に見たとき、その人を抱きしめられません。

相手と自分が大きく考え方が違うとき、自分に自信があれば、「私は私」「あなたはあなた」と相手を認めることができるし、自分と違う他人を愛することができます。

けれども、**自己評価の低い人は、自分と全く同じ考えの人でないと安心できません。自分の考えを相手が支持してくれないと落ちつかない。相手が、少しでも自分の考えと違うことをいうと、自分が否定されているような気がしてしまうのです。**

いい意味で「自惚れている」人は、たとえ相手と考えが違っても、相手に否定されているような気にはなりません。自分のことは自分でちゃんと愛せるので、相手にも惚れられます。

考えてみてください。容姿に恵まれ、お金持ちで、仕事も充実していて、周囲の人にも愛され、自分の人生にとても満足している。そんな人なら、欠けているものを得ようとして人を好きになる必要などありません。

自己評価が高く、自分自身がハッピーに生きていたら、他人にハッピーにしてもらおうという野心はないわけです。「私は十分、幸せだ」と自己充足している。そういう人は、一見、他人を必要としない人間のように思えますが、じつはそういう状態のときこそ、本当に他人を愛せるのです。

こんなふうに自己充足している人が、自分の中にうごめく衝動に気づいて、「これは異性を求めているのだな」と思えば、自分にとって快適なパートナーを求めることになります。

快適な相手とは、たとえば親切にしてくれる人、自分のことを大切にしてくれる人などです。自分のいいたいことをいわせてくれる人というのもあります。その人といっしょにいると、素直に自分の気持ちを話せたり、自分の弱い部分も見せることができる。「この人にこんなことをいったらバカにされそうだ」という人と、比較的いいやすい人がいれば、いいやすい人のほうが選ばれます。

私はいつも**「ちやほやしてくれる人を選べ」**といっています。過食症の治療などで研究所にきている女性たちは、たいてい違うタイプの男性を恋人候補に持っているのです。私はこれを、「タイプA」「タイプB」と名づけています。

タイプAのほうは、金を持っていたり、社会的な地位があったり、ハンサムだったり、いい車を持っていたりする。つき合ったら友だちに自慢できそうなタイプです。タイプBのほうは、特に特徴のない「そこらの男」です。そこらの男たちは、彼女たちを好きになって、一所懸命、ちやほやします。ちやほやしてくれるほうを選べば間違いないと思うのですが、自己評価の低い女性たちは、タイプAのほうを選びがちです。

他人の評価に頼っている限り、男の選び方まで画一化せざるをえないのです。そして、金と地位を持っているような男はそうそう多いわけではないので、競争相手とぶつかりやすい。自己評価が高ければ、もっと男の選択肢も広がって自由に選べます。金と地位があって、ずっと人生に勝ち続けているようなイヤミな男より、そこらの男のほうがずっと心やすらかに愛し合えると思うのですが、どうでしょうか。

○あなたの人生の主旋律を見つけ出せ

自己充足といっても、ここでいう自己充足は、完璧な充足ということではありません。完璧な自己充足は子宮内の胎児にみられるものです。ひとたび母の子宮から出てからの私たちは、欲求不満の連続の中で人生を送るのです。欲求不満が全くない状態とは「死」を意味しますし、それが、「感じられない」場合は、「魂の死」です。**不足をしている自分にまあまあ満足している状態が、成熟した大人の自己充足**です。

「自分」というのは「色変わりのあめ玉」のようなもので、次から次へと色が変わってきます。味わっても味わっても、死ぬまで味わいつくすことはありません。いろいろなものに惚れこんで、そのたびにさらに自分への自惚れを高めて、いつももっと違うものを求めていくのが人間の本質だと思います。「快楽に富んだ求め」が「惚れ」なのです。

私の同級生の耳鼻科医は、「きれいな耳の穴を見ると腹が立つ」といいます。鼓膜が真珠色に光っていたり、産毛が見えるような、きれいで健康な耳の穴を見ると、つついて血を流したくなるそうです。血だらけのグロテスクな耳を治療し続けているので、そんな汚い耳がいとおしくてしかたないようです。

私の研究所にも、ずいぶん多様な人間がやってきます。「どうしたことだろう」と思うような変わった状態の人間が、私にとってはおもしろい。子供を見ると殺したくなるとか、成熟した女より幼女が好きだとか、そういう異常な人間が世の中にいることを知ると、「どうしてそうなるのだろうか?」というクエスチョンが湧いてきます。どうしてそうなっているのか、解明したいという欲望が湧いてくるのです。

私は医者になってから、最初はアルコール依存症の治療に携わり、その後、児童虐待、過食症・拒食症などに関わってきました。他人から見たら浮気っぽくて、仕事の方向をどんどん変えているように見えるかもしれません。実際、二〇代、三〇代、四〇代と「また違うことをやっているのか」といわれたものです。

けれども、私の中では一貫して、一定の方向を追いかけてきたつもりです。アルコール依存症も過食症も、「嗜癖」という考え方の中では全く同じ病気です。そして、根っこに「家族」があるのです。児童虐待も家族の問題です。一九九五年に、「家族機能研究所」をつくったのですが、ここへきて初めて、これまでやってきたことを他人にもわかりやすくひとつにまとめられたのではないかと思っています。

たぶん、誰の人生も同じなのではないでしょうか。人は、そのときそのときで興味を持つことが変わってきます。何に関心を持っても、あなたがやりたいことであれば、他人に弁解する必要はないのです。すぐに飽きて次々と対象を変えるように見えても、後から大きな目で見たら、全てはつながっていた、というのはよくあることです。

その人がいったい何をやっているのか、どういうテーマを持って行動しているのか、それは本人に聞いてみなければわかりません。いえ、本人に聞いてもわからないこともあるでしょう。

過食症で、食べては吐いて苦しんでいる本人に、その意味を聞いてもわからない。けれども、その泥沼からぬけ出して、そんなことをやっていた自分を「けなげだった」「いとおしい」と抱きしめられる気持ちになるときが必ずきます。

そして、ずっと後から振り返ってみると、あなたの人生がひとつの物語になっていることがわかるでしょう。過食症も私の人生には必要なものだった、と思えるときがきっとくるのです。それは、**あなたの人生のある一時期に、絶妙のタイミングで起こったものであり、あなたの人生というジグソーパズルを埋めるのにぴったりのピースだった。それ以外のあなたではあり得なかったのです。**

私の仕事が、対象を変えながらも「家族」という問題に貫かれてきたように、誰の人生にも、その底を流れる主旋律があるのではないでしょうか。次から次へと違うメロディを奏《かな》でているように聞こえても、ひとつの曲としてまとまっているはずです。あなたの主旋律は何でしょう。自分の人生を、ひとつの一貫した流れで物語れるようになれば、病気になろうと、どんなことがあろうと、全ては必要な「恵み」と感じられるでしょう。有名人でなくても、金持ちでなくても、平凡なそこらの人生であっても、自分で自分の人生に惚れこめるようになれるはずです。

あなたがするべきことは、ほめてもらえそうなメロディを無理やりつくり出し、「聞いて聞いて」と他人に聞かせることではないのです。そんなことをしなくても、あなたの人生には、確かに自然に流れている美しいメロディがあるのです。それを見つけ出すことは、あなたにしかできない大仕事です。そして、それを見つけたとき、まずあなた自身がそのメロディに聞きほれ、心から楽しむことができるでしょう。

○手帳の空白が、惚れこめる「出会い」のチャンス

「退屈」と「ヒマ」は違います。忙しくても退屈なときもあります。ワクワクするようなクエスチョンがなく、ただ目前の仕事だけをこなしているときは、どんなに忙しくても退屈です。忙し過ぎて「休みたいなぁ」という欲求だけが強いときも、喜びが感じられません。休みたい、眠りたいという欲求だけでゆとりがなくなり、他の欲求

がつぶされている状態だからでしょう。

あまりお腹がへっていると、退屈もヒマもありません。とりあえずラーメンでも食べてから考えよう、となります。生理的な欲求不満が一応、満たされて、そのうえで初めて出てくる欲望が、精神活動といえます。「生」が保証された生活の中にこそ、退屈が生まれ、また、その対極にある「質の高い精神活動」が生まれてくるのです。つまり、本当の意味の精神活動は、ヒマがなければできないのです。

子供の手が離れて時間ができたのなら、かつて中学の初めに挫折したピアノをもう一度始めてみる、などというのもいいでしょう。カルチャーセンターに行ってみてもいい。そこで新たな人間関係が広がったり、ひとつのことを学ぶ過程でいろいろな自分に出会えます。英語をペラペラにしゃべりたいという目標を持っていくのはいいですが、本当に楽しいのは、英会話を学ぶ過程で出会う、さまざまな体験です。自己表現ができて、共感する他人との出会いも持てます。

ラーメン一杯くらいでいつでも十分、満たされる私たちは、そうした質の高い惚れこみを求められる状況であり、それを探すチャンスを与えられているといえます。食べ物も満足になかった時代には、過食症などやりたくてもできなかったのです。今は、食べ吐きしたければそれができるくらい、恵まれた状況にあるといえます。過食症で苦しむヒマさえあるわけです。

現代では、「生きるか死ぬか」というスリルが失われています。それが退屈や寂しさにつながっていくのですが、退屈や寂しさを怖がって避けようとすれば、ジェットコースターのような刺激を求めるほうに向かいます。逃げれば逃げるほど、嗜癖の罠にはまってしまうのです。寂しさや退屈を「いけないもの」と考えて排除しようとするより、むしろ私たちにとって豊かさを与えるものだというとらえ方をしてみてはどうでしょうか。

寂しさを感じているあなたは、質の高い精神活動ができる条件が整っているということです。退屈を感じているあなたは、自己主張の芽を持っているのです。システム手帳が空白ばかりだったり、クリスマスをいっしょに過ごす相手もいないのだったら、あせって手近なところで手帳を埋めるよりも、のんびりと自分自身の精神活動にエネルギーを注いでみましょう。

人間関係が多彩で、密度が高く、スケジュール帳が真っ黒だったとしても、単に目の前の人をやり過ごすだけの、通行人同士の出会いではつまらないでしょう。本当の意味の惚れこみは、そういう人間関係の中では生まれません。寂しさを埋めるための人間関係や、寂しさを埋めるためのアルコールや買い物を、一度ちょっと断って、**自**

分を空白にしたときに、本当の「出会い」がやってきます。

もしも、あなたの手帳にポッカリ穴があいてしまったら、それは本当の「出会い」のためのチャンスだといえるのです。

第4章

あなたの「インナーチャイルド」の声に耳を傾けよう

Q どうしたら、「惚れこめる」ものに出会えるのでしょうか。具体的にできることは何でしょうか？

○親の期待や価値観を書き出し、怒ってみよう

「寂しい、寂しい」といいながら、出会いがない。惚れこめる人や、惚れこめる仕事、惚れこめるものに、なかなか出会えないという人は多いでしょう。

出会いがうまくいかない理由のひとつに、挫折を経験して自分の限界を受け入れる怖さがあります。少子化時代に育った子供の特徴でしょうが、現実と向き合って、自分の無力さや限界を知るきっかけが少ないのです。子供がたくさんいた時代は、親の目もいちいち一人ひとりにいきとどかないので、子供は子供で勝手に育っていたし、その中で競争もあり、勝ったり負けたりしていました。

ところが、親の目が子供にやたらといきとどくようになると、子供が挫折する前に、そうならないように手助けしたり、失敗する前に、つまずきそうな場所へ先回りして

橋を渡してしまいます。これが子供の自尊心を奪う「やさしい暴力」です。

また、生きることが容易になり、それほど苦労しなくても食べるのに困らなくなったという理由もあるでしょう。「負ける」というのは一種の「死」であり、「死」が身近に感じられなくなったのとともに、「負け」の感覚も遠のいてしまったのかもしれません。

負けることや失敗に慣れず、自分がつぶされてしまうことの恐怖に耐えきれなくなって、そういう局面になると逃げてしまう。逃げ回っているから、なかなか出会いもありません。

たとえば、親から「この子は才能がある」「勉強ができる」と期待されていた子が、思春期になって登校拒否したり、受験ができなくなる。あるいは家出をしたり、逸脱行動に走る。その裏には、**「現実に直面して、自分の能力不足を認めたくない」**という理由があります。

拒食症も同じです。ガリガリにやせて栄養失調状態になっていると、「これではしょうがない、病気なのだから何もできない」ということで、その間、タンマがかけられるのです。本当は東大をめざすように期待されていた子が、「私は病気なんだし、しかたないから県立の女子短大にしよう」ということで許されます。病気のせいにしないと自分自身を許せないわけです。

思春期の厄介な問題は、ほとんどの場合、挫折ができず、回避したいという欲求から発生します。そういう人たちが、なんとか折り合いをつけて新しい学校に行ったとしても、その中で新しい友人たちと本当の意味で出会うことができません。なぜかといえば、新しい出会いの始まる局面でつっぱってしまうのです。

「私はキミたちなんか必要としていないよ」

というように振る舞うから、なかなか新しい友人のグループに入っていけない。入っていけずにとても寂しいのですが、つき合いを求めて拒絶されて傷つくよりは、最初から拒否して逃げているほうがいいわけです。寂しさを我慢し、寂しさを敏感に感じて苦しみながらも、なおかつ自分を守ろうとする。プライドが高いように見えて、本当の意味での自尊心は低いのです。

別に思春期の学生に限りません。他人との深い関わりで傷つくことを恐れて、距離をとりながら希薄な浅い人間関係を築いている現代人は少なくありません。こういう人たちは、何がそんなに自分をつっぱらせているのかを、まず考えてみるといいでしょう。

それが親の期待であると思いついたなら、親にどんな期待をされていたのか書き出してみてください。親があなたに押しつけてきた価値観、あなたに期待した像などを書き出していると、そんなものに支配されていた自分の愚かさに気づくでしょう。

書き出したついでに、第3章で述べたように、親に対して怒ってもいいのです。親のほうは面食らうかもしれませんが、かまわず怒ってみてください。親のほうも、非難されてもしかたのない一面があるのです。自分の人生を十分に生きていて、「私は楽しくてしかたないから、いつまでもおまえにかまっているヒマはないよ」という親だったら、子供のほうも、親に世話してもらおうと思わないかわりに、親の人生の肩がわりもしなくてすみました。

親が、自分の人生でいろいろ取り残した分を子供に託してしまうから、ややこしいことになるのです。寂しくて出会いがなくて病気になっている人は、自分のことは棚にあげて、まず親を怒ってみてもいいでしょう。

○失敗を恐れるようになった原因をひとつ見つけよう

過去を振り返ってみましょう。そして失敗を恐れるようになった原因らしきものを見つけましょう。「こういう順序で自分は失敗を恐れる人間になったんだ」ということをつかむと、だいぶラクになるし、次の作業が見えてきます。

親の期待など、自分の人生をのっとられるほどに感じなくてもいいのです。だいたい、親の期待というのは、子供のほうが必要以上に感じてしまうものです。親のほうはそれほどには思っていなかったり、もういいかげんあきらめていたりしている。「自分は自分の限界の中で生きていて、親もそれで十分、満足しているし、自分自身にとってもそのほうがラクだ」

そうわかれば、他人との出会いもうまくいくようになるでしょう。

親だけに限らず、厳しい先生にギシギシやられてしまった人もいるでしょう。新入社員のときに、えらく怒りっぽい上司のもとについてしまい、叱られっぱなしで口ごたえもできず、すっかり自尊心をなくしてしまった、などという原因を思いつく人もいるかもしれません。

その場合は、先生や上司のいったことをさまざまに思い出して、どうも理不尽だと思うところがあればいちいち怒ってみてください。友だちや同僚につき合ってもらって、怒りを吐き出してもいいし、書き出してみてもいいでしょう。

怒りは洗練されると自己主張となってくるので、書くという行為は自己をふりかえる上でも役に立ちます。いきなり相手にぶつけるより、まとまった形になってくるので、やってみるといいでしょう。もう会うこともない相手に怒っている場合も、書くことで吐き出すことができます。

とにかく、「自分がこうなっている原因」というのを考え出して、それでつじつまのあう説明ができると、現在の困った状況が改善されてくることがよくあります。また後からつじつまの合わない部分が出てくるかもしれませんが、そのときはそのときで、また新しい説明を考え出せばいいのです。**自分の気に入った説明を採用すること**です。

こういう感覚にたどりついて肩の力がぬけるまでに、長いまわり道が必要である場合が少なくありません。ひと昔前は、世界一周の旅に出る人がよくいました。そここそ優良といわれる企業に入社した後、三年くらい勤めてから退職し、ヨーロッパや東南アジアあたりをあてどなく放浪する人も少なくありませんでした。

生き残るだけで大変だった時代には、のんびり放浪などしていられなかったのですから、自分を探したり放浪したりするヒマのある私たちは、おおいにその状況を喜ぶべきでしょう。「こんなことでいいのか」などと遠慮せずに、放浪できる金がつづく限り、思う存分、放浪したり、病気になったり、もうひとつの現実を探してみてはどうでしょうか。

○自分の欠点を探し回るのはもうやめよう

「愛したい」「愛されたい」という気持ちはあっても、拒絶される恐れの強い人は、すぐに自分の欠点を探し回ってしまいます。

わかりやすい例でいえば、男性と付き合いだすと、裸になるときの体形が気になってならないという女性がいます。「こんなお腹ではだめだ」「もう少しやせてから」と、躊躇《ちゅうちょ》してしまいます。

こういう人は、「こんな状態の私では人に愛してもらう価値はない」と思っているのです。しかしこんなことをいい始めたら、「もう少しやせて」「もう少しかわいくなって」と、いつまでたっても愛は始まりません。もう少しやせてみたところで、「まだまだこんな状態ではだめなのではないか」と思うでしょう。

けれども実際には、やせているから、かわいいからで愛が成立するというものではありません。反対に、その体形へのこだわり、他人の評価基準へのこだわりが、本当の意味で人を受け入れられない原因になっています。積極的に人を愛すためには全く必要のないそんなこだわりを、バリアとして使ってしまっているのです。

生きていれば、人に拒絶されることもあります。**拒絶される恐れというのは、その**

人の過去に起こった拒絶された体験からきています。しかし、新たな心の傷を恐れるがために、現在の人間関係や愛をあきらめるという、バカげた繰り返しはどこかでやめなければならない。これではいつまでたっても寂しいままです。

人によっては、現在の人間関係から逃げるようなことをわざわざする人もいます。「私など愛されない、愛されるわけがない」と固く信じ、自分で愛されないようなことをしておきながら、うまくいかなくなると、「そーら見ろ、やっぱり私なんかダメなんだ」と自分の正しさを確認するのです。

こんな例をあげてみましょう。摂食障害のC子は、男性を愛しましたが、彼に拒絶されるのが怖いあまりに、そのボーイフレンドにとても難しい作業を課していました。あるときは、新幹線で三島駅まで行き、そこから東京にいるボーイフレンドに電話をして、「すぐに来て。すぐ来てくれなきゃイヤ！」といって呼び出しました。あるときは、交差点の真ん中で「C子が好き」と三回叫べ！　私の耳に聞こえるまで叫べ！　という課題を出しました。

そしてまたあるときは、レストランに入ってステーキを二人前頼み、彼に全部、食べさせる。ちなみにこれは、過食・拒食症の少女がよくやるいやがらせです。他人を太らせようとしているのです。C子はボーイフレンドに、「全部食べなきゃだめ！」といって、食べ終わるまで見ているのです。

こういう人は、「こんな私なんかとデートしてくれたのはいいけど、彼はつまんないだろう」と、内心、とても申し訳なく思っています。だからデートをしていても、ヘトヘトに疲れてしまう。疲れて、疲れて、本当は次の電話を恐れています。

そんな状況でいい交際が続くほうがまれですから、普通はだんだん縁遠くなっていきます。すると、「ホラ見ろ！」「やっぱり最初に断っておいてよかった」と思うわけです。

ところがC子の場合、彼が全てのテストをクリアしてしまったのです。現在はその彼と結婚して、いっしょに暮らしています。C子は、このように辛抱強い彼に対して、「申し訳ない」「でも、結局は私は捨てられるのだ」と結婚してからもまだいいつづけています。まだまだ、自分で自分をそういうものだと決めつけているのです。彼も彼女もずいぶん根気がありますね。

このようにはてしなく辛抱強い男性に出会ってうまくいく例もありますが、まずその前に、自分の欠点探しをするのはやめておいたほうがいいでしょう。こんな厳しいテストを課すのは、イチかバチかの勝負のようなもので、クリアしてくれれば確かに感動的かもしれませんが、だいたい相手のほうが怒り出すものですから。

○セルフ・アファメーション（自己肯定）を高める訓練をしよう

傷つくのは誰だってイヤですが、それを恐れてじっとしていると、変化が起こりません。そして、以前からつづいている親や兄弟の関係の中に取り残され、対人恐怖的な寂しさと退屈の感覚の中にとどまることになります。

では、傷つくことが怖くて新しい関係にとび込めない人に、「とにかくなんでもかんでもとび込んでみたらいい」とすすめられるかというと、そうでもない。**「私はだめだ」という「自分いじめ」をやっている人は、思いどおりの悪い結果を招きやすい**からです。新たな傷を恐れている人は、新たな傷をつくりやすい人でもあります。トラウマ（心の傷）を抱えたまま生きていると、同じようなトラウマを呼びこみやすいのです。むりやりとび込んだところで、傷を広げてしまい、ますますかたくなに閉じこもることになりかねません。

これをクリアするには、まず「私はだめだ」という自分いじめをやめることです。自分を罰したり、罪悪感を持つことをやめることです。

あなたは、鏡に映る自分の目をじっと見つめながら、次のようにいえますか？

あなた、ステキよ。それでいいのよ、そのままでいいのよ。
あなたは人に愛されて当然だし、受け入れられて当たり前なのよ。

もしいえないようなら、練習しましょう。朝、支度して出かける前に一回、夕刻、帰宅したとき、あるいは寝る前に一回、声に出してあなたにいってあげます。日中、オフィスのトイレやショウ・ウィンドウにあなたが映ったら、すかさず心の中で、この言葉を唱えます。まるで何かの練習のようでしょう？　そうです、そのとおり、これは練習です。セルフ・アファメーション（自己肯定）の能力は、訓練によって高めるものです。それはレスリングの選手が、毎日の訓練によって、筋肉の力をつけることと同じです。

これをやってみて、どうもうまくいかないという人は、本格的なトレーニングに入ってみてください。まず西尾和美というセラピスト（アメリカのカリフォルニア州で精神療法家として活躍しています）の本『今日一日のアファメーション～自分を愛する365日』（発行所：株式会社ＩＦＦ出版部ヘルスワーク協会、電〇三―五五七五―三七六四）を手元に置きます。その日に当たる頁、たとえば、今日、一月二六日を見ると、

「環境に注目する」という項目が出てきて、それについてのコメントがありますが、その文章の前に次のようなお祈りの言葉がありますので、これを声に出して唱えましょう。

自分は生きるのに、あたいする人間です。
自分は、自分のままでいいのです。
自分は愛するに、あたいする人間です。
自分は、自分の居所をつくっていいのです。
自分を、うんと好きになります。

西尾はこの本の序文のところで、「(この本は) ネガティブな自己感にまっこうから直面するためのものです。長い間かかってできあがった機能不全な思考、行動、人間関係、コミュニケーションの仕方、態度は一度理解しただけでは、とても変わるものではありません。何度も何度も繰り返し、毎日毎日、新しい健全なメッセージを自分に送る必要があります」と説いています。

私はこの考え方に全く賛成で、こうした「教材」が、もっともっとあればよいと思っています。この本に対応した、テープ、CD、ビデオや、同じ西尾和美の声が入った「自分を好きになるための七つのメディテーション」、「共依存」などのテープ、CDも同じ出版社から発行されているので、併用するとよいでしょう。長年かかって頭に叩き込まれてきたネゲイション（自己否定）からぬけ出るためには、こうした脱洗脳（デプログラミング）が欠かせません。

こうした「教材」を使ってみても、もうひとつピンとこないという人はしかたがない。私のところ（斎藤学診療所：電〇三―五四七六―六五五〇）へ来て、そこのスタッフといっしょにアファメーションを訓練してください。ただし、これは皆さんの練習ですから、私というオジさん医者に直接会えば、手軽に仕事がすむというものではありません。むしろ、私に会うより大切なことは、ここに集まって来る「ピア（仲間）」に出会うことです。彼ら、彼女らと、いっしょに親密な関係をつくる能力（この本の第6章で詳しく説明します）を高める訓練に入るわけですが、その準備作業が、このアファメーション訓練なのです。

他者との親密性という感覚を高めることこそ、「寂しさ」や「対人恐怖」に悩む人々の達成目標です。そしてその目標へのスタート地点に、このアファメーション訓練があります。

一五九頁にあげた摂食障害のC子の場合は、私のコーチングを受けていました（治療というほどのことでもない。後述するような自助グループの中で、ときどき助言していただけですから、コーチといったのです）。ボーイフレンドも、C子が行うさまざまないやがらせについて、「どういう意味なのでしょう」と聞きに来ましたので、説明しました。そういう背景があってこそ、二人の関係がうまくいったということもあります。ほうっておいたら、彼がC子をイヤになり、罵り、新たな傷をつける……ということにもなりかねなかったでしょう。ですから、やはり自己評価の低い人は、まず自分でその評価を高める訓練をしてほしいのです。

C子は、「私なんか愛されない」と自分で垣根をつくって愛に挑戦することを避けていましたが、ぎりぎりまで寂しさが高まったとき、それを癒すために挑戦を始めました。もっとも、最初は男性を利用するつもりだったのかもしれません。ところが、彼が大変な誠意を持って対応してくれたおかげで、彼女は変わっていきました。こういう出会いはよくあるものです。

その男性のほうも、お父さんが厳格一方の人で、彼に対する期待という重圧がかかなりありました。彼は、そんな家族から逃げたくてしかたなかったのです。彼もまた、寂しさの無間《むけん》地獄のようなところにいたわけで、彼女の気持ちを理解することができたのです。必死になって自分を試している女の子を見て、自分に気持ちが向いていることを感じたのでしょう。

自分より弱い存在を見たとき、それを痛めつけてパワーを確認する（これが「いじめ」です）か、それを癒してパワーを確認するか。そのふたつの方法があります。C子のボーイフレンドは、癒すほうをとったわけです。

けれども、いつまでもその関係をひきずっていると、「弱い妻」と「それを保護する母的な夫」という役割に固まってしまい、二人の関係性が成長しません。二人の場合は、私という第三者の存在や、同じような病気を抱えた仲間たちがいたので、その中で、徐々に対等な関係の結婚になっていきました。

○「目立ちたい自分」、でも「平凡な自分」をいとおしもう

私たちは、「○野×男」という個人の名前の他に、「学生」「主婦」「消費者」など、さまざまな名前を持っています。けれども自分が、他の誰かとでも入れ替え可能な人間だと感じています。

企業で自分の能力が認められ、優秀な人材として採用されたとしても、どうしても自分でなければならないということはありません。もしもあなたがいなくなったとしても、会社は変わりなく動いていくでしょう。このようなシステムの中で動いていると、「自分」というものが生きている感覚が持てなくなってきます。

自分ひとりが勝手に動いても認められるとは思えず、システムがうまく作動するよう相手に合わせ、全体のことを配慮しながら生きることになります。このような社会の中では「自分だから大切にされている」という感覚は持てません。あなたも、自分が「いつでも取り替えのきく存在だ」ということに寂しさを感じたことがあるでしょう。

その中で、「自分」というものの価値を見出そうとすると、何らかの逸脱行為、システムからそれる行動をしたくなります。それが「個性化」に結びつくと勘違いをしてしまうのです。システムの外へ出るには「犯罪」を犯すか、「病気」になるかです。人に注目されたいという理由だけで犯罪を犯す人もいます。反社会的な行動の裏には、「自分の個性を主張したい」という欲望があるのです。

D子という過食症の女の子が、

「普通であるくらいなら病気のほうがいい」

といったことがあります。D子は一〇代の終わりには、バンドを組織して自作の曲を弾《ひ》いたり、歌ったりしていました。彼女たちは「女子高生」や「コギャル」とレッテルを貼られてしまうことを拒否しているのでしょう。自分が、そんな当たり前のレッテルだけですんでしまうような存在だということを拒否し、個性的であろうとすると、今の世の中では病気になるしかないのかもしれません。過食症の少女たちが、

「みんなと同じでいい」

「自分の個性なんか確立しなくていい」

と思えれば、病気になどならなかったでしょう。

過食症になって、しょっちゅう手首を切ったり、やせた体でフラフラ歩き回っていたら、確かに個性的です。街を歩けば誰もが振り返ります。ところが、治りかけて普通の体重に戻ってくると、もう誰も振り返ってくれません。

「あぁ、これで私はまた普通の女の子に戻るんだわ」

と思ったときに出たのが、先の「普通であるくらいなら病気のほうがいい」というセリフなのです。このスリルのなくなった時代に、やせ衰えていつ死ぬかわからないというのは、相当なスリルといえます。

けれども、彼女はその後、ある男性と出会い、結婚しました。その人と所帯を持つ

こと自体が、たいへんなスリルだと感じたのではないでしょうか。

相手は精神病院で出会った男性で、外科医です。彼は、手術のときに麻酔医が使う笑気ガスを吸って薬物依存になり、妻子と別れて精神病院に入院していました。そこで二〇歳近く年が下の過食症の少女と出会い、今ではどうにか社会復帰して結婚したわけです。

子供を二人つくって、D子は今、平凡な母親をやっています。乳児との関係では誰もが主役であり、個性的です。赤ちゃんのウンチにまみれた状態で子育てをしていたら、「人と同じじゃつまらない」とか「生きにくい」などといっていたことも、どこかへふっとんでしまったのではないでしょうか。今のD子は全く健康です。

病気や苦しみの泥沼を通りぬけると、ちょっと違う景色が見えてきます。それは、「自分をいとおしむ」というような感覚です。ただやたらと自分を哀れがって、「かわいそう、かわいそう」というのは自己憐憫《れんびん》ですが、泣いている自分をちょっとユーモラスに見られるようになるのです。心にゆとりのある状態で見て、自分で自分を抱っこしてあげられる。そういう状態がいつかくるものです。

「何かかわいそうだったね」「健気《けなげ》だったねぇ」「無理もないよ。あれだけ目立ちたがってたんだもの」と、自分をかわいく思えるようになると、日々の生活の中にも、いろいろなスリルが発見できるようになります。それ自体はごく平凡な生活でも、決して退屈はしません。

「個性」とは、みんなが「黒」を着るときに、「赤」を着ることではありません。女優やテレビのニュースキャスターのような人が「個性的」で、自分の母親のような人は「没個性的」かというと、決してそうではない。人に知られていたり、華やかだったり、そういうことで「個性」ははかれるものではありません。

あなたの今までの人生を物語ったら、それは他の誰とも違う物語になるはずです。一人ひとりが、今のままの自分で十分、個性的なのです。人は人、自分は自分。「私はこれでいい」と思えれば、あなたの物語はさらに「個性」を増してくるでしょう。

○「NO」をいう練習をしてみよう

日本語で「自尊心が高い」というと、なんだかお高くとまっているようなイメージがありますが、私が使っている「自尊心」とは、自分を大切にできること、自分を価値あるものと考えられることです。必要なときには自分を守り、危ない状況からはちゃんと逃げられる。これが自尊心を持った人間の行動です。

「自分勝手」「自己中心的」な態度とどこが違うかというと、**自尊心の高い人は、自分だけではなくて、他人も大切にします。**他人も自分と同じように大切で価値のある人間だと感じる、「他尊心」も持っています。他人を傷つければ自分も気分が悪いものです。自分を受け入れてくれ、ぬくもり合える他人を容赦なく切り捨てることなど、できないはずです。**自尊心が低く、自己否定の強い人のほうが、むしろ傲慢になったり、力を使って相手を服従させようとするものです。**

自尊心が低い人は、他人にNOをいうのがヘタです。我慢して我慢して、突然、爆発したり、自分がやりたくもないものにつき合わされたり、強引に誘われるとついていってしまったり、それがイヤになって他人と関わるのをやめてしまったりします。

イヤなことはイヤといい、これはちょっと危ない人だと思ったら、「あなたとはつき合いたくない」「その場所には行きたくない」という。そうでなければ、健康な人間関係をつくるのは難しいでしょう。

そこで、相手にさほどイヤな思いをさせないでNOをいう練習をしてみましょう。

和解的NOの言い方は、まず、相手に「私はあなたを好きである」というメッセージを入れることです。「嫌いだからNO」なのではなくて、

「あなたのことは好きだが、私はこれはイヤだ」

「あなたのことが好きだから、これはやめてほしい」

という伝え方をします。

たとえば、

「あなたのことは大好きだ。でも、お酒を飲んで暴力を振るうあなたとはいっしょにいられない」

というふうにです。

相手に「拒絶された」という感じを与えないように、相手のメンツをつぶさないように、逃げ道をつくっておくのも大切です。

けれども、今までNOをいえなかった人が、最初からそんな高等なNOのいい方をしようとすると、またいえなくなってしまったりする。ですから、とりあえず自分がどうしてもイヤなことにはNOといってしまうことです。いってしまってから気まずい雰囲気を感じたら、あれこれ必死になって言い訳してみると、案外それでうまくいきます。何ごとも練習なので、実践でやってみてください。

英語を勉強するというのもいいかもしれません。英語はとても断定的な言語です。YESはYES、NOはNOではっきりしています。英語をしゃべり始めると、なぜか突然背筋がピンとして、自己肯定的になる人は多いものです。

○今までの恋愛パターンを確認する

第1章で述べたように、自尊心の低い、共依存的な人間は、すぐに同じような人間を見分けます。たとえば、女性にとって「まともな男」というのは、自分自身のことを愛していて、それなりに成熟していて、自分をお母さんのように必要としない男です。そういう男と愛し合えればいいのですが、そんな人は自分を必要としないだろう、いっしょにいると退屈になってくるだろうと思うのです。

そこへいくと、借金はつくる、パチンコばかりやっている、パチンコをやめたと思ったらアルコールを飲む、仕事も長続きしない、というような男は、その弱さが自分を必要とするので、この人なら私から離れないだろう、安全だろうとくっついてしまう。そうなると、二人とも自己評価の低いカップルができあがって、ヘタをすると〈いじめ・いじめられ〉の関係になってきます。

もちろん男性でも、ちょっと弱そうな女性を見つけては面倒を見たがる人がいます。これも、成熟した女性が恐いので、自分を必要として頼ってくるような女性のほうが安心なのです。でなければ、いつ見捨てられるか不安なのです。

自分の恋愛を振り返ってみると、何か共通のパターンがあるものです。「どうも自分はいつもトランプのババばかり引いている」と思う人は、「私は自尊心が低いのでは?」と疑ってみたほうがいいでしょう。

親にたっぷり愛されて育ち、ある程度まともな自尊心を持ち、「自分は愛されて当然だ」と思っている人から見たら、自尊心の低い人のおどおどした感じというのはわかりにくいものです。「何でそんなに自分を責めるのか?」と不思議に思います。

反対に、その人のオロオロした感じを見てイライラする人は、自分自身、そういう要素がかなりあると思ったほうがいいかもしれません。それは、かつて親に虐げられていた弱い自分の姿を見たくないのであり、自分の弱さを必死に隠しているからです。こういう人がいじめ役のほうにまわってしまいがちです。

自分の恋愛パターンが確認できたとしても、以後、違うタイプの異性を選べるかというと、なかなかそうはいきません。人間はやはり、自分に見合った異性を好きになってしまうものです。自尊心が低いまま、健康な男を好きになりたいと思っても無理なのです。好きになってみたら、やはり相手も同じようなタイプだった、ということになります。こういう事態を避けるために、お見合い制度があるのではないかと思うほどです。

ですから、自分の恋愛パターンを確認したところで、やはり、まずは自分の自尊心を高めるトレーニングをし、考えを変えていくのが先決です。自分自身が変われば、好きになる異性のタイプも変わってきますから、今までとは違う出会いが持てるはずです。

いずれにしても、相手が、自分の自尊心を高める方向で扱ってくれる人かどうかを見きわめて、必要に応じてそこから逃げる能力は養っておきましょう。いじめ・いじめられの二人関係にハマってしまうと、憎み合い、傷つけ合いながらも別れられなくなる。イヤなときはイヤといえる関係をつくっておけば、悪い方向へころがっていくことなく、二人で徐々に自尊心を高める方向で成長していける可能性があります。

○あなたを傷つけない他人と触れ合ってみよう

寂しさを痛切に感じている人間は、他人とのぬくもりを求めています。心を受けとめてもらうことが必要なのですが、実際に抱きしめられることも大切です。

日本では、欧米のように、出会った人と抱き合い、頬にキスを交わすような習慣がありません。大人になると、体を触れ合わせるのは恋人や夫婦の関係だけで、友だち同士で抱き合うことがない。けれども、人間はタッチングを求めているものです。

私の家族機能研究所の内部では、日常的にハギング（抱き合うこと）、タッチングが行われています。ただし、性的虐待を受けている人もいるので、その人が許容できる範囲の安全なタッチングでなければなりません。同性からのタッチングならOKか、肩を抱くだけがいいのか、髪の毛に触ってもいいのか、その範囲は慎重にしています。

男の子はあまりやりませんが、女の子同士ではよく抱き合っていますし、私に対しても、図体のでかい男がハギングしてきます。そういう形で、他人に抱っこされる感覚を持てるようになると、今度はその感覚で自分自身を鏡に映しながら、ハグ（ハギング）できるようになってきます。だんだんと自分で自分を癒すことができるようになるのです。

自分の心を占領していた、自分を非難する自分。これは親の似姿で、私は「インナーマザー」と呼んでいます。それは、あなたが心の内に取り込んだ親の価値観です。それがつねに、「おまえはだめだ」とあなたを締めあげているのです。

ところが、自分の顔を鏡で見ながら、「私はこのままで愛されて当然だ」とやっているうちに、そのインナーマザーが少しすきまをつくります。そこから顔を出すのが「インナーチャイルド」、あなたの中にいる「子供のあなた」です。

この子供のあなたが窒息しかかっていると、いろいろな症状が起こってきます。退屈感や寂しさは、窒息しかかったインナーチャイルドのSOSの叫び声といっていいでしょう。

買い物したり、パチンコしたり、酒を飲んだりしながら、「寂しいよぉ」と叫んでいるインナーチャイルドは、ただやみくもに「オギャー」と叫んでいる赤ん坊の状態なのです。

ラブ・アディクション（恋愛嗜癖）の形で異性に走っているときもあります。こういうときは、自分を傷つけるような形でしか愛を求められないので、出会い系サイトで知り合った男性とホテルに行ったり、夜の街をさまよったりすることになります。その翌朝には、またひどく落ち込んで、食べたり飲んだりでまぎらわすのですが。

もう少し自分を抱きしめてあげられるようになると、今度は「こうしてほしいよぉ」という要求に変わってきます。「もっと私を見てちょうだい」「私だけを抱っこしてちょうだい」というラブサインに変わってくるのです。

○自己を回復するインナーチャイルド・ワーク

インナーチャイルド・ワークといって、窒息しかけている自己を回復する方法があります。子供時代に放棄させられた欲望を、イメージトレーニングで見つけ出そうという試みです。

そもそも、内部の自己というのは無数にあります。私たちは、大人になるにつれ、無数にある自己の中から「これが私」という自己を選択し、それ以外を捨てます。ある程度、自分の役割を決め、一貫した自己をつくっていくわけです。ところが、その役割をあまりにも固定し過ぎてしまい、そうでない自分を解放する場所をどこにもつくらずに押し込めてしまうと、押し込めた自己は窒息してしまいます。

いつも出さない自分は、押し込められたままなので、成長していない子供です。窒息しそうで苦しいから、状況もかまわず「オギャー」と泣いたりします。このインナーチャイルドに乗っとられた状態が、過食症などの病気として現れるのです。こういうときは、ガツガツ食べて、食べながらワンワン泣いたりして、振る舞いも子供そのもの。お母さんが注意すると、大暴れをしたりします。

アルコール依存症も同じです。自分の中にあるもうひとつの自分をなかなか出せないので、酒を飲んで出す。スイッチひとつでパッと人格を変えられるような便利な人であれば、酒を飲む必要はありません。ある実験で、ジントニックの匂いだけをつけたノンアルコールの飲み物を飲ませたところ、振る舞いが変わったという研究報告があります。アルコールそのものの効果を超えて、「飲む」という行為がスイッチの切り替えに影響を与えていることがわかります。

健康な状態の人であれば、スイッチの切り替えが自分で自由にできて、子供になれるときにはなれるのです。世間で見せているいつもの自分とは違う自分を出す場所を持っているし、ときどきは子供に返って適当に気をぬける。ところが、自分の中の子供を許さない人は、逆に子供の状態にのっとられやすく、インナーチャイルドがコントロール不可能になってしまうのです。

のっとられ状態にならないためには、自分の中にあるインナーチャイルドを、ちゃんとかわいがることです。たとえば眠いときや、お風呂に入ってのんびりしているときには、背広を着てネクタイをしめているときと同じに振る舞う必要はありません。風呂場の中で鼻歌を歌って、パチャパチャ水遊びして、子供に返っていいのです。

ふだんからインナーチャイルドの要求によく耳を傾けてみましょう。ときどき「もっと食おう」とか、「あっち行こうよ」と無理な要求をしてくることもあります。それを、子供をあやすように「また今度ね」といって抑えたり、ときどきいうことを聞いてあげたりします。女性は、子供相手にそういうことをやっているのですから、男性に比べたらずっと上手にできるはずです。

○湧いてくる自分の感情は「そのまま」にしておこう

私たちは日々、時々刻々、感情の波に洗われています。愉快なときもたまにはあるが、不安や恐怖や緊張でつらいことのほうが多い。怒りや憤怒《ふんぬ》となると表現することさえ困難です。特に女性の場合は、そうした感情を爆発させないように幼いときから訓練されていますので、怒っていると思わせてはいけないなどと信じていたりします。思わず出してしまうと、後で「見捨てられる不安」にさいなまれたりします。

逆に男は悲哀、感傷といった感情の表現が下手です。泣けない。「泣いてはいけない」と思いこまされてきたからで、泣いてしまうと、後で「女々《めめ》しい奴と思われたのではないか」という心配にとらわれます。

そして男女ともに出しにくい、それでいてしょっちゅう沸き起こるのが嫉妬の感情です。こんなものを持っていると人に知られてしまったら、自分の評価は確実に下がると考えて、慎重に隠しています。

こんなにいろいろな感情が絶え間なく流れてくるのに、私たちはよく処理しているものです。しかし、こんな湧き出てくるものにいちいち責任を感じなければならないものでしょうか。確かにオフィスで憤怒して椅子を投げつけたりするのはよくない。

他人が迷惑します。しかし怒っているのが確かなら、それは怒ったままにしておいてはいけないのでしょうか？　怒っているけど乱暴はしない。これは限界設定の問題です。

私たちのからだの中に湧いてくるものというと、たとえば唾液や屁があります。こんなものが湧くことにいちいち責任をとらされていては、生きていけませんから適当に処理しています。他人に迷惑をかけない範囲で。感情もこのように考えてはいかがでしょう。

まずいのは、怒りや嫉妬を感じている自分に責任を感じて、これを何とか抑えこもうと戦うことです。怒りそのものでさえつらいのに、それを感じる自分が許せないというのでは、つらさが何倍にもなります。**「そのまま」にしておきましょう。怒ったままでいいのです。**

ただ何度もいうようですが、他人にとって迷惑なものは、あちこちに撒きちらさないでください。怒りもそうですが、感情はやってきて、しばらくすると去って行きます。去って行くものですから、「そのまま」にしておけばいい。

同じような怒りを特定の人に感じるという場合には、それには理由があるのですから、紙を出して書いてみましょう。前に「親への怒りを書き出せ」といいました。書いてみると、それは「自己主張」になります。じつは**怒りは、自己主張の砕けた破片**なのです。読み返して、相手に伝えたほうがよいと思えば、伝えましょう。相手に向き合って、冷静に口でいえるならそうしてください。そうでないなら、手紙か、第三者に入ってもらうか、別の方法を考えましょう。いずれにせよ、**怒りは欲求不満のサイン、人とコミュニケートしたいというサイン**ですから、そう思っている自分にとって「優しい」処理を考えてあげてください。

もっと頻繁に来て、**「そのまま」にしておく必要があるのは不安と緊張です。**不安の多くは将来の危機を予測するもので、将来のことですから対処のしようがないものがほとんどです。そのままにして去って行くのを待ちましょう。上司の前で緊張するのは当たり前です。当たり前の感情を持っているのは、あなたが健康な証拠ですから、これも「そのまま」にして去って行ってもらうのがいい。抗不安薬で不安を即座に消そうとすると、薬物依存になってしまったりします。

悲哀と涙も「そのまま」の対象です。悲しいときに泣くのは当たり前、健康な証拠です。涙の出ない感情生活のほうが恐ろしい。

問題は嫉妬と恨みです。嫉妬は下劣な感情だと思うので隠すどころか、感じなくしたり、反動形成して当の嫉妬相手に思わず愛敬をふりまいたりしていることが多いのです。これはまずい。感情そのものと戦って無視したり、反動形成したりしていると、感情の機能そのものが壊れて感情鈍麻が生じます。そうすると、嫉妬だけでなくあらゆる感情が湧きにくくなる。喜怒哀楽がなくなってロボット化します。生きていてもつまらなくなります。

恨みにも同じことがいえて、もっと深刻な感情鈍麻の原因になります。恨みは怒りの表出が妨げられて堆積し、腐敗したものですから、これをもう一度いきいきした怒りの感情に戻す必要があります。しかし堆積した怒りですから、現在から始めて時計の逆回りに時間を遡《さかのぼ》り、最初の怒りにまでたどり着くのが大変です。

この仕事はひとりでは無理だなと感じたら、セラピスト（心理療法家）の助けを借りたほうがいい。

しかしここでまた、セラピストの無理解に怒りを感じることもあります。自分に優しくなって、一〇〇パーセント自分の言い分を受け入れてくれるセラピストを見つけるまで、あきらめないでください。その作業に取りかかり始めただけで、あなたの怒りの湧出量は減るはずです。

いずれにせよ、嫉妬や恨みといった長期にわたる感情は押し殺さないこと。抑圧に成功したと思っていると、あなたは考えてもいなかったような破壊的な行動に走ったりします。そうした行動を無意識（という、もうひとつの意識）の言語というのです。フォビア（恐怖症）、オブセッション（強迫）、アディクション（嗜癖）などの症状も、そうした無意識の言語です。

私たちの心もからだも必要にそって機能しています。唾液も涙も感情も必要にそって湧出します。こんなもの全てにいちいち責任をとろうとしても無理です。「そのまま」にして去って行くのに任せましょう。どうしても隠したい、あるいは出したい感情にとらわれているならそうすればいいのですが、その場合には「自分に優しく」が原則ですし、コツでもあります。

もう一人の自分と相談して、「イヤ」といっていることはしない。

「して」というときはする。

しかし、そんな場面はそれほど多くないはずです。

○「インナーチャイルド」を呼び出して、その親になろう

あなたも自分のインナーチャイルドをイメージしてみましょう。目をつぶって自分

の心の中に潜り、子供の頃の自分をイメージしてみます。

何歳くらいのあなたが出てきたでしょうか？

どんな服装をしていて、何をしていますか？

その子に話しかけてみてください。何かいいたいことがあるか、いっしょにやりたいことがあるか、聞いてみましょう。

どうしてもイメージが湧いてこない人は、小さいときの写真を持ってきて、それを見ながらイメージしてみてください。

子供のあなたが何を望んでいるか、どんなことをしたいといっているか。子供の望みを満たせる範囲で満たしてあげましょう。そうやって、あなたの中のインナーチャイルドを育てていくのです。**子供の頃のままストップしていた欲望に水路をつけていきましょう。**

インナーチャイルドをずっと押し殺してきて窒息状態になっている人は、耳を傾けていうことを聞いてみようと思っても、何をいっているのかわからない場合もあります。

ある過食症の女性は、「どうイメージしても真っ黒なアメーバしか浮かばない。そこに目がギラギラ光っていて怖い」といいました。彼女は、小さい頃からずっといじめられており、仲間はずれにされてきた人です。彼女のインナーチャイルドは、怨念の黒いかたまりとなっていて、周囲の人に、非常な恨みと攻撃性を持っています。

子供の頃に、人との関係の中でいい体験をしていないと、インナーチャイルドをイメージしても、いいイメージが持てません。自分の中にかわいい子供がいないので、イメージしてもそっぽを向いていて、自分のほうへ寄ってこないこともあります。

ある人は、子供の頃に登校拒否をしていて、最初に学校に行ったときのことをイメージしてみました。教室にトコトコとかけていく自分が見えるのですが、名前を呼んでも全く振り返らず、走っていってしまったそうです。

そこで今度は、登校拒否をして家に閉じこもっている自分に会いにいくようにイメージしました。すると、こたつでミカンを食べていた。その子に向かって、「こっちへおいで。抱っこされたいかい？　ひざに乗りたいかい？」と、徐々にあやしていき、警戒心を解いていったのです。やがて、子供はこちらを向き始め、問いかけに応えるようになってきたといいます。

遠くの木の陰に隠れている子供でも、警戒心の強い子供でも、やさしく言葉をかけつづけてみましょう。その子供を心から愛してあげ、安心して人に甘えられるように育てていくのです。継続してこれをやっていると、あなたとインナーチャイルドとの関係が変化し、あなたはインナーチャイルドを抱きとめられる親へと成長します。そのとき、現実に生きるあなたにも、確かな変化がおとずれます。

第5章

パワーゲームを降りて「魂の家族」をつくる

Q 自分はパワーゲームを降りたくても、まわりの人間がパワーゲームの価値観の中に生きている場合、どうすればいいのでしょうか？

○危険な人間関係から逃げ、「安全な場所」を求めよう

「寂しさ」を感じているあなたは、質の高い精神活動をできる条件が整っているといえます。そこには、本当の「出会い」のチャンスが待っています。

けれども、「耐えがたい寂しさ」をそのまま人にすがりつく形で埋めようとすると、赤ちゃん的な、相手を食いつぶす人間関係になってしまう。だったら、ある程度寂しくても、安定した人間関係をつくることを求めたいものです。

それにはまず、自分にとっての「安全な場所」というものを確保しなければなりません。「安全な場所」とは、みんながあなたに関心を持ってくれ、あなたがそこにくるのを待ってくれている場所、あなたがいないと不思議がられて、いて当たり前と思われる場所です。

そこでは、誰もあなたに点数をつけません。「あなたは一〇〇点の赤ちゃんだ」とか、「八五点くらいだ」とか、「この人たちの中であなたは二番だ」などの評価が、一切、無用な場所です。当たり前のことですが、心身ともに傷つけられないということは大前提です。つまり、そこはパワーゲームから降りた人たちの集まる場所であり、パワーゲームを行わない場所です。

あなたは、こういういくつかの条件を満たす「安全な場所」を持っているでしょうか。家がある、親がいる、妻や夫がいる人なら、まずそこがあなたにとって安全な場所であるかどうか、点検してみてください。

家の中で、体を傷つけられるような暴力を受けている人もいるでしょうし、「お兄ちゃんのほうが勉強ができる」「妹のほうが器量がいい」などと、いつもきょうだいの間で比較されている人もいるでしょう。隣のご主人と給料の額や地位を毎日のように比較されている夫や、「あそこの奥さんは美人だ、おまえはブスだ」といわれつづけている妻もいるかもしれない。家に帰ってくると、「あら、帰ってきたの？」と不思議がられて、いないのが当たり前というのも困ります。

家庭に帰ると落ちつかなくて、会社帰りに寄る居酒屋のほうが安心だとか、会社にいるほうがやすらぐという人もいるでしょう。

それはそれでいいのですが、家庭が安全な場所でないと、無力な子供に迷惑を及ぼすので、家庭を安全な場所に変えることは大切です。というのは、家庭で自分が「安全ではない」と感じている人ほど、家族の中で、自分よりもっと弱いものを支配するからです。これでは、支配される子供はたまったものではありません。

もともと、子供にとって学校は安全な場所ではありません。学校は初めから点数をつける場所なのですから。人間は、赤ん坊のときには、自分が点数をつけられるような存在だとは思いもよらないのです。いつの間にかお姉ちゃんと比べられるわ、隣の子と比べられるわで、だんだん家族というのも安全な場所ではないと感じるようになります。

それではいったい、安全な場所はどこにあるのでしょうか。

そこで私が提案したいのは「魂の家族」なのです。

○問題縁で結ばれた「魂の家族」をネットワークする

私の考える「魂の家族」とは、血縁で結ばれた家族や宗教的意味の家族のことではありません。同じ体験をした者同士が、それを分かち合い、癒し合うための「心の家族」のことです。

たとえば、子供が登校拒否をしているなら、同じ登校拒否児の母親と、抱えている問題や苦しみを分かち合うことができます。夫のアルコール依存症から逃げ出してきた妻同士、ギャンブルから逃れられない者同士、性的虐待を受けた女性同士。「夫に満足できない中年女性の集い」でも、「全日本欲求不満連盟」でも何でもよいのです。同じような問題を持った「問題縁グループ」で集まり体験を分かち合うことは、「情緒の分かち合い」につながり、「魂の成長」につながります。

「私はこれをしゃべりたかったんだ」ということを話せる場所を持ち、問題を共有する人がいれば、それが「魂の家族」なのです。

こうしたグループは、ピア（仲間）がやって来なければ成立しません。ですから、あなた自身がそのグループを必要とするほど、そこに入ってくる仲間も大切になってきます。入っていくほうの立場からすれば、そのグループの人たちに「待たれている」ことになります。いないと困られて、いると喜ばれる。これほど安全な場所はありません。

ピア・グループはチャム（なかよし）・グループではありません。チャム・グループというのは、同年齢・同性の学童期の子供たちで構成されるなかよしグループです。何よりも似た者同士であることが大切ですから、異質な子は排除される。「いじめ」

の温床になったりします。

ピアは、チャムではない。むしろ異質な仲間は歓迎され、その異質性が興味と関心の対象にされるようでなければなりません。そうした場ではじめて、新しい仲間は「安全」を感じられるのです。

ここではまた、問題の「程度」をはかることをしてはいけません。同じような問題があるかないかが縁です。問題がより深刻だから上級品だというような「査定」をしてはならないのです。それを始めると、泥棒より殺人者のほうがえらいなどという、刑務所の牢名主のようなことになってしまいます。人間というのは、なんでも競争する癖があるので、問題縁グループで集まっても、それをやってしまいがちなのですが、そこをあえてやらないように気をつけないといけません。

かつてオウム真理教に入信した人たちも、もともとは、そうした安全な場所を求め、魂の家族を求めて入ったのでしょう。家族が安全ではないから、出家してそういうところにいったのだと思います。ところが、その集団に入っても、結局、階層化を始めてしまう。そして、秘密主義や、ルールで拘束するなど、自分が育った家族と同じような危険な集団をつくってしまったのでしょう。

そこで、こうしたグループをつくるときには、かなり意識的に「競争」「比較」を取り払う必要があります。そこでは、集まった仲間の話を聞きますが、**話しっぱなし、聞きっぱなしで、「それはいい」「こうするべきだ」などの評価、アドバイスは一切しない**ことにします。また、話をすることを強制されず、**自分が話したくなったら話す**のです。

組織にはしないようにしましょう。組織にすると、誰かが運営しなければならないし、運営するとなるとお金がかかります。すると、金集めのうまい人がトップになって、また序列ができてしまい、安全な場所として機能しなくなります。教義や主義・主張があって、それに絶対帰依するというような硬直したルールもつくってはなりません。

こうした安全な場所で、自分がしゃべりたかったことをしゃべり、仲間の体験を聞いているうちに、自分を定義するいろいろな数値から自由になってきます。むしろ、問題そのものが恵まれた資質だというふうに思えてくるのです。

アルコール依存症の人は、「おれはアル中になれてよかった。アル中なんて、誰もがなれるわけじゃない。アル中になってなかったら、もうとっくに自殺していただろう」と思う。過食症であれば、「横隔膜をちょっと緊張させるだけでゲロが吐ける私はすばらしい。少なくとも、誰も私を毒死させることはできないだろう」と自画自賛する。すぐ手首を切りたくなってしまう人は、「この痛みを経験するからこそ、痛くない状況が喜びと感じられる。目に見えない恋の痛手なんか経験するより、よっぽどいい」などと思えばいいわけです。

あなたのすることは全て、自分を守るためにやっていることです。どんなに愚かに見えることでも、人間のやっていることにはちゃんと意味があって、ムダなことはひとつもありません。それは、「生き残り」のための必死の努力なのです。

しかも、問題があれば、同じ問題を持った人に出会えます。問題のない人、もしくは問題があっても自覚していない人には、そんな出会いがありません。問題や苦悩があるというのは、なんと幸せなことでしょう。

あなたも、何か困ったことがあるなら、同じようなことで困っている人の集まりがないかどうか調べて、でかけてみてください。新聞広告を出してもいいし、パソコンやケータイで問題フォーラムをつくってもいいでしょう。「手首切りしたい人の集まり」「私なんか生きててもしょうがないと思う人の集まり」など、自発的につくって集まるわけです。

こうしたグループは、すでにいくつもできていて、セルフヘルプ・グループ（自助グループ）と呼ばれています。これは「自分と同じ悩みを抱えた他人を援助すること によって、自分の回復をはかる」という「セルフヘルプの原則」にもとづいた集まり のことです。そこには、治療者や指導者はいません。その会によって生計を立てる人 もいません。みんな同じ境遇にいる仲間なのです。

○AAの12のステップとは

私は、セルフヘルプグループの原点を、AA（アルコホリック・アノニマス）と考え ています。AAとは、一九三〇年代半ばにアメリカで始まった、アルコール依存症者 たちの集まりです。

断酒しようと決心したアルコール依存症者が、その日一日を飲まずに過ごすために、 もう一人の飲まないアルコール依存症の人といっしょに過ごす。そして、自分はどの ように飲まなくなったかの物語を、まだ飲みつづけている相手に話す。自分一人では、 つい「ほんの一杯」と飲んでしまうが、人といっしょにいて、飲まない物語を語って いると、断酒をつづけるのに役立つのです。ビルとボブという人物が始めたAAは、 次第にアメリカ中に、そして現在では世界中にひろがっています。

アルコホリック・アノニマスのアノニマスとは「無名性」ということです。AAのメンバーが、公の場で発言するときも、個人名は伏せることになっています。もともとは、社会的に恥ずかしいこととされていたアルコール依存症者がひっそりと集まったものだったので、個人名を出さないことにしていたのですが、やがて、この「無名性」という原則が非常に大切であることがわかってきました。

アルコール依存は、「目立ちたい」「人に勝ちたい」「成功したい」というパワーゲームにとりつかれたところから始まります。「無名であること」をモットーにするのは、断酒を継続することにおおいに力があったのです。AAの中では無名の自分が受け入れられ、大切にされます。目立つ必要もないし、人に勝たなければ愛されないわけでもありません。名医である誰それや、成功した株屋である誰それでなく、ただの「ビル」や「ボブ」でいればいいのです。

AAは「12の伝統」という原則をつくっています。その中には、「われわれのリーダーは、奉仕はしても絶対に支配しないこと」「各グループは自律的であり、そこにはいかなる種類でも、治療の専門家はいるべきではないこと」「会費も月謝もないこと」「われわれの費用は、自分たちの自発的な献金によってまかなわれるべきこと」「組織のようなものは、われわれのサービス・センターにおいてさえ、あるべきではないこと」「われわれは無名であるべきであり、各個人よりもAAの原理が優先すべきであること」といったことなどがうたわれています。

もうひとつ、「AAの12ステップ」という回復プログラムをご紹介しましょう。

1、われわれはアルコールに対して無力であり、生きていくことがどうにもならなくなったことを認めた。

2、自分自身よりも偉大な力が、われわれを正気に戻してくれると信じられるようになった。

3、われわれの意志と生命を、自分で理解している神、ハイヤー・パワーの配慮にゆだねる決心をした。

4、探し求め、恐れることなく、生きてきたことの棚卸し表をつくった。

5、神に対し、自分自身に対し、もう一人の人間に対し、自分の誤りの正確な本質を認めた。

6、これらの性格上の欠点をすべて取り除くことを、神にゆだねる心の準備が完全にできた。

7、自分の短所を変えてください、と謙虚に神に求めた。

8、われわれが傷つけたすべての人の表をつくり、そのすべての人たちに埋め合わせをする気持ちになった。

9、その人たち、また他の人びとを傷つけない限り、できるだけ直接埋め合わせをした。

10、自分の生き方の棚卸しを実行しつづけ、誤った時はただちに認めた。

11、自分で理解している神との意識的触れあいを深めるために、神の意志を知り、それだけを行っていく力を、祈りと黙想によって求めた。

12、これらのステップを経た結果、霊的に目覚め、この話をアルコール中毒者に伝え、また自分のあらゆることに、この原理を実践するように努力した。

3にある「ハイヤー・パワー」という概念はわかりにくいかもしれませんが、「人間個人の意志の力」の対極にあるものと考えてもらえばいいでしょう。意志の力をあきらめて捨てたところに、ハイヤー・パワーが働きます。また、これをつくったのはアメリカのキリスト教徒たちなので、「神」という言葉が出てきます。けれども、決して宗教の教義ではありません。あくまでも断酒のためのステップです。

「棚卸し」というのは、自分の今までの生き方の点検のことです。人間関係や、それに対する自分の感情について、点検することです。リンゴ箱の中のリンゴがひとつ腐っていたら、まわりのリンゴも次々に腐っていきます。リンゴ箱を開けて、腐ったリンゴは捨てる必要があるでしょう。現在のあなたのリンゴ箱の中はどんな状況になっているか、それを点検する作業を「棚卸し」と呼んでいるのです。

これまでこの本の中で述べてきたように、親との関係を見直してみるのがまず第一であり、「今の自分がどうしてこのようになったか」の原因探しが、ここでいう「棚卸し」です。

○自分の無力を感じ、あきらめたときに出会いが生まれる

さて、なぜこの「AAの12ステップ」を全文紹介したかというと、このステップはまさに、パワーゲームから降りるためのステップなのです。単にアルコールをやめるためだけのものではありません。他人の評価におびえ、「出会い」を経験できず、寂しさに耐えきれなくなっている現代人にとって、そこからぬけ出して本当の自分を成長させるステップになるはずです。

他人をコントロールし、自分をコントロールし、自分の運命をコントロールしようと努力しつづけた人間は、必ずその限界にぶちあたります。他人と出会えず、自分と出会えず、寂しさに陥っていきます。たかだか一人の人間が、そう無理をすることは

ないのです。自然に普通にやっていれば、そこそこバランスのいいところにおさまるものです。自分のパワーの限界を認めて、自分の無力を実感したところに、出会いがあり、人生の喜びが見つかるはずです。

私も、アルコール依存症の治療に長く関わってきましたが、あるときから自分にはアル中は治せないと思うようになりました。医者に治せるのは、飲み過ぎでなった肝硬変などの身体的疾患だけで、酒を飲むのをやめさせることはできません。本人がやめる気になるまで、どうにもならないのです。

医者や周囲の人間が、自分の力で「やめさせよう」と努力するとき、そこにやはりパワーゲーム、コントロールゲームが始まってしまい、いつまでたっても嗜癖からぬけられません。嗜癖者が、その嗜癖から離れられるときというのは、意外にも、周囲も本人も、あきらめたときなのです。

「もう、好きなだけ酒を飲んでいいよ」

「食べたければ食べて、吐きたければ吐きなさい」

という心境になったときなのです。

嗜癖者は、「意志の力」を信じています。自分の困った事態を、自分の力でなんとか治せると思っています。けれども、意志の力を信仰すればするほど、自分でコントロールできない部分が多くなっていき、自分の中から自分への反乱が始まります。川の流れを、あちこちせきとめて、思いどおりにコントロールしようとしても、ひと雨降ったら氾濫してしまうようなものです。

悩んでいる人に、「そんなに悩んでもしかたない。なるようになるさ」という言葉がありますが、あなたの現在は、その「なるようになった」結果なのであり、他にどうしようもなかったのです。今の状態は、なるようになっているのですし、これからもなるようになるでしょう。自分にできる範囲の努力をして、できない分までがんばろうとしないことです。

周囲が嗜癖者をコントロールすることをあきらめ、本人も自分自身のコントロールをあきらめたときにこそ、病気の回復が始まります。私が今まで見てきた限り、ＡＡの12ステップは確かに効果があります。また、セルフヘルプ・グループに参加することは、嗜癖者の回復に非常に役立ちます。いくら医者が努力してもダメなものが、同じ仲間を見つけ、その集まりに足を運ぶうちに、みるみる成長し、病気から回復していく例を、私は数多く見てきました。

結局、私たちに必要なのは出会いであり、他人との温かい人間関係であり、ぬくもりなのでしょう。それさえ見つければ、もう、よけいな努力も、仕事やアルコールに依存することも必要ないのです。

ＡＡをつくったビルもボブも、白人の中流階級であり、ある程度の資産も名誉も持っていました。しかし、パワーゲームに敗北し、アルコール依存症になっていった人たちです。ビルは、四〇歳で断酒してからの一五年間も、ひどいうつ病患者として過ごし、何度も自殺を試みたり、精神分析を受けたりしています。彼は、自分が、パワーゲームの価値観の中では、もうどうしようもなくなっていることを認めざるをえませんでした。

その〝どん底〟の中で、ビルは「喜びが神の恵みであるのなら、苦しみもまた神の授かりもの」と思うようになりました。心からそう思えるようになったとき、ビルの抑うつは、いつの間にか去っていたのです。

今のままの自分では行き詰まって苦しい。そんな人に、行き詰まったこともない人間が何かいっても、その人の心には届かないでしょう。けれども、同じようにどん底まで行き詰まった人間が、自分の無力を認めてつくったステップだからこそ、同じ仲間たちが共感し、どん底からはいあがる力を持つのではないでしょうか。

現在では、日本でも、ＡＡ以外にたくさんのセルフヘルプ・グループが生まれています。薬物依存のＮＡ、ギャンブル依存のＧＡなどです。ＡＡの方法に影響されながら、日本で生まれた独自のグループに摂食障害者のためのナバ（ＮＡＢＡ）やアディクション（嗜癖）問題を考える会（ＡＫＫ）、アダルト・チルドレンのための自助組織であるジェイカ（ＪＡＣＡ）などがあります。

これらのグループの多くは基本的に、「ＡＡの12ステップ」と、ＡＡの伝統をふまえています。「リーダーをおいてはならない」「金を持ってはならない」「名前を出してはならない」と、ＡＡの規約は反資本主義的です。このルールをアメリカ人がつくったというところがおもしろいと、私は思っています。結局、ルールなしにほうっておいたら、いつの間にか、自分たちが今までやっていた会社と同じようなものになってしまうからでしょう。

アメリカには、貴族という血の伝統がありません。とにかく「強ければ成功できる」というパワー追求でやってきた国です。その国の中から、「パワーをあきらめる」という発想が生まれてきた。それが自分たちを正気に戻す、シラフに戻すといっているのです。成功を追求し、金と権力を求める努力の中にひそむ狂気と、アルコールに依存していく狂気は根が同じなのです。シラフに戻ったアル中たちだからこそ、その狂気から脱するステップをつくれたのでしょう。

もちろん、実際には組織らしきものがあるし、交替でリーダーらしきものもつくっていきます。けれども、あくまで「そういう意識を持たない」という方向でやっていく。これが、パワーゲームのエスカレートを抑え、欲望が横道にそれる歯どめになるのでしょう。

私は、アメリカが残した二〇世紀最大の遺産は、このAAであると思っています。現在の行き詰まった社会がどん底からはいあがり、健康に機能する社会システムへの移行を考えるとき、AAは非常に重要な意味を持つでしょう。

AA、その他のセルフヘルプ・グループについて詳しく知りたい人は、拙著『魂の家族を求めて』（日本評論社）を参照してください。

Q パワーゲームの降り方にはどんな方法があるのですか？

○パワーゲームを降りるための10のステップ

寂しさに苦しみ、そこから回復したあなたは、自分なりにその知恵をステップにしてみましょう。３ステップでも5ステップでもいいのです。そこにはきっと、あなた自身が寂しさを通りぬけた後の宝石が輝いているはずです。「ＡＡの12ステップ」を参考にしてもいいでしょう。

そのとき、必ずなくてはならないのは、「私はこれでいい」という肯定のステップです。現状に行き詰まりを感じていても、それを認める。何か変わらなくてはならないけれども、そのために今の自分を否定する必要はない、ということ。それを盛り込んだものであれば、10でも20でも、好きなだけステップをつくってほしいと思います。「これでいいのだ」と思えることが、じつは一番の変化であり、「あるがまま」を認めれば、変化は一人でに起こってきます。なぜなら、「自分」というもの、自分が必要とするもの、求めるものは、刻々と変化しています。ですから、あるがままを認められれば、変化せずにはいられないのです。これに反して、「よい子」や「良妻賢母」は、他人に対して固定された状態を意味しています。変化がありません。こういうものに自分を閉じこめてはならないのです。

私は、ワーカホリックのグループのために次のような〈10のステップ〉をつくり、今では摂食障害者のセルフヘルプ・グループのNABAもこれを使っています。AAのステップをもとにしていますが、その他の療法も参考にして、私なりにつくったものです。あなたにも、やめられない悪癖があるなら、このステップを試してみてもいいかもしれません。今までに述べてきたことの総まとめです。

「○○すること」という中には、自分の困ったことを入れてみてください。「仕事すること」「やせること」「買い物すること」「良妻賢母であること」「女らしくあること」「男らしくあること」「よい娘であること」「よい息子であること」「有能な上司でいること」「自立すること」「人に負けたくないこと」など、好きなものを入れて使ってみてください。

1　私は、○○することへのこだわりから離れられず、この執着のために日々の生活がままならなくなっていることを認めた。

これは**〈認知のステップ〉**で、一種の「敗北宣言」です。とにかく自分は「困っている」。いろいろやってはみたがどうにもならず、もうお手あげ状態である……と、認めることから、このステップは始まります。

2 ○○することへの執着は、他人の評価を気にしすぎるところから始まり、自分の意志の力を信じすぎたことでひどくなったことを理解した。

次は**〈理解のステップ〉**です。敗北宣言をした後で、自分が敗北した原因について冷静に分析してみましょうという段階です。

さて、あなたはなぜ、そんなに困りながらも、そのことにこだわり続けてきたのでしょうか。それは、他人の目が気になるからです。あなたは、自分が「あるがままの自分」で受け入れられると思えず、「こうあるべき自分」に改造しようと努力を重ねてきたはずです。そうしなければ人に愛されないという強迫観念にかられて、不安のあまり努力してきたのです。

そして、それは自分の「意志の力」でなんとかできると信じてきました。そうできないと、「意志が弱いのだ」と自分を叱咤激励してきたはずです。けれども、あなたの力には限界があり、とうてい何もかも思いどおりにはできません。がんばってもがんばっても、他人はおろか、自分さえも思いどおりにはできないのです。「意志の力」は全能ではありません。そのことを素直に認めるときがきたのです。

「意志の力」は、もっと「別の力」に負けたのです。意志の力は、この「別の力」に負けるときが、必ず来ます。つまり、あなたが意志の力を信じている限り、いつか必ず負けるのであり、意志の力を信じ過ぎたことこそ、あなたが負けた原因なのです。

3 今までの生き方を支えてきた意志の力への信仰をやめ、他人の評価を恐れることなく、あるがままの自分の心と身体を受け入れようと決心した。

これは**〈決心のステップ〉**です。負けの原因を漠然とながらも理解したところで、そういう生き方の軌道修正を決心しましょう。「決心」するのは大切なことで、なんとなくそのまま生きていると、今までと同じように反応してしまうのが人間です。他人の評価はやはり気になるし、心の中では「こんな私ではいけないのではないか」という声がささやきます。

そういうときに、「こんな私でＯＫである」ときっぱり自分に向かっていってあげましょう。他人の評価におじけづいたときには、心の中で「私は私」としっかり体勢を立て直してください。

「あるがままの自分」でいたら、どんどん自分を甘やかして、どんどん怠け者になって、誰にも相手にされなくなるのではないか、という恐怖が襲ってくるかもしれません。しかし、だまされたと思って、とりあえず「今のままの自分でいい」と全て認めてみてください。もしもダラダラと自分を甘やかして、ブクブクと太って、誰にも相手にされなくなったら、またそのときにどうするかを考えればいいではありませんか。実際には、「私はこれでいい」と自分を受け入れられるようになると、グッと肩の力がぬけてラクになります。すると自然なパワーが湧いてきて、スポーツをする気になったり、おいしい料理をつくりたくなったり、働く気になったりします。「やせるために努力しなければ」「みんなに気に入られるために一所懸命、働かなくては」などと必死にがんばらなくても、なんでも楽しくできるようになります。病気になる必要もないのです。横道にそれていたエネルギーが、スムースに循環し始めるのです。

そうなる前に、まだ多少の回り道はあるかもしれませんが、あまり心配しないようにやっていきましょう。

4　あるがままの自分を発見するために今までの生き方を点検し、両親との関係から始まる人間関係についての点検表をつくった。

これは**〈実践のステップ〉**です。AAでいうところの「棚卸し」の作業で、今までの自分の生き方の点検を実践します。

まず、ノートとペンを用意しましょう。ページの左端に「母」と書きます。母はどんな人だったか、小さい頃、どんなことがあったか、思い浮かんでくる思い出を、いろいろ書きつけてください。

次に「父」、そして「兄弟姉妹」、「友人」と、あなたの今までの人間関係をたどってみましょう。先に進んでから、また母や父に戻ってもかまいません。名文を書こうとする必要はないし、たくさん書いても、少しだけでも、どちらでもいいのです。

そんなことをしているうちに、その相手に対する「恨み」や「怒り」「軽蔑」の感情が湧いてくることもあるでしょう。その場合、なぜ、その人を恨んでいるのか、憎んでいるのか、書いてみてください。

反対に、自分が「傷つけた」と思う相手もいるでしょう。どのように傷つけたのか、なぜそんなことをしてしまったのか、書いてみましょう。罪悪感が高まって、「やっぱり私はダメだ」という気になってきたら中止します。まずは自分の怒りを優先し、自分を受け入れることが優先です。

5　前記の点検表を、先を行く仲間たちに見せて語りあい、「真の自己」の発見につとめた。

これも**〈実践のステップ〉**です。「先を行く仲間」というのは、セルフヘルプ・グループでよく使われる言葉です。同じような問題を持っていて、ここでのステップ3までの段階にたどりついた人のことです。

セルフヘルプ・グループは、もともと、このステップ4、ステップ5をすすめるようにできています。先に述べたように、ここでは、自分のことをいいっぱなしで話し、聞くほうは聞きっぱなしで聞きます。批判や解釈はしません。そこで話したことはその場かぎりで、外部では話さないことになっています。自分をさらけ出しても、安全な場所であることが条件です。そこで「先を行く仲間」に自分についての物語を聞いてもらうのです。

セルフヘルプ・グループなどに参加していないあなたなら、信頼できる友人に聞いてもらうのもいいでしょう。ただし、説教好き、アドバイス好き、批判・攻撃的な人は選ばないことです。

人に話を聞いてもらうと、聞いているうちに考えがまとまってきたり、整理されてくることがあります。あなたにとっての正しい答えは、いつもあなたの中にあります。ノートに書いて点検し、さらに話して点検しているうちに、これからの道が現れ出てくるでしょう。

6「偽りの自己」の衣装の下に隠れていた「真の自己」の存在を実感できるようになり、この〝もう一人の自分〟と和解しようと思うようになった。

これは**〈感得のステップ〉**です。ここまで成長すると、今までの自分を、もう一人の自分が観察できるようになります。ひと回り背丈の大きくなった自分が、今までの自分の全貌をながめるのです。ロボットのように生きていた「偽りの自己」が見えてきて、けれども、そうではない「真の自己」が確かにいることも実感できるようになります。

「偽りの自己」というと、全く必要のない、悪いもののように思うかもしれませんが、そういうわけでもありません。人間が生きていくためには、「偽りの自己」も必要です。ふつうの大人であれば、ときには自分を抑えて相手に合わせたり、社交辞令をいうこともあります。他人の目を気にするのも当然のことですし、他人のためを考えるのも、いき過ぎなければけっこうなことです。いつでもどこでも、自分の本当の欲求を押し通すのが一番いいわけではありません。

必要と場に応じて、偽りの自己で対応したり、真の自己の欲求を満たすようはからってやったりできれば、一番いいのです。

ところが「真の自己」を抹殺しようとすると、真の自己が生き残りをかけてあがきますから、いろいろな問題が起こってきます。もう一人の自分を排除しようとせず、あやしたり、なだめすかしたりしながら、適当につき合っていきましょう。

7 今までの生き方の誤りが、「真の自己」を見失い、傷つけ、成長の最後の段階を踏みそこなったことに由来することに気づいた。

これは**〈洞察のステップ〉**です。洞察とは「ああ、そうか」と気づくことです。

ここでは、「成長の最後の段階」というところがポイントです。まず、「成長」とは何なのでしょうか。身体的な成長、精神的な成長もありますが、宇宙や社会の中で、自分をどのように位置づけるかという「洞察力の発達」も含まれます。

不思議なことに、人間は、誰一人同じ人間が存在しません。みんな違います。試《ため》しにあなたの周囲の人間を数人、思い浮かべてみてください。みんな違うでしょう。特別、派手なことをしたり、有名でなくても、あきらかに違います。それが個性であり、ユニークさというものです。

あなたという一人の個性が、他の誰でもない、あなたの父親という個性と、あなたの母親という個性のもとに生まれました。そして、他のたくさんの人と関わりながら生きて、死んでいくのです。両親も、そのまた両親もそうでした。あなたという存在にいたる道は、何かひとつ違っていても、今のあなたにはならなかったのです。そこにはある種「圧倒的な調和」があります。

しかし、そうした、言葉にならない「洞察」にいたる手前に、「最後の段階」があります。あなたは今まで、「黒か白か」「敵か味方か」「いいか悪いか」「勝ちか負けか」というような、二分律的な考え方をしていたかもしれません。自分がよければ相手が悪い。相手が正しければ、自分が間違っている。今までとちがう自分に変化しようと思えば、今まで自分のやってきたことを「ムダ」で「価値のないこと」と否定しなければならない。

こうした考え方が、寂しさや退屈を生みます。そして、もしもあなたが寂しくて、退屈で、生きにくさを感じているのなら、その考え方で生きていくことに行き詰まっているのであり、その状態が成長への最後の段階です。今までの自分を否定する必要はありません。それこそ成長への踏み台だったのですから。

8 自分の生き方の点検をつづけ、新たに気づいた無理な生き方は、勇気を持って変えることを心がけた。

これは**〈改善の維持のステップ〉**です。洞察した、成長したなどと鼻を高くして喜んでいると、あっという間に元通りになってしまいます。自分が何かえらいものになったと思うのは、もうすでに二分律的考え方であり、そんなことをやっていると、またそのうち行き詰まるわけです。また行き詰まるのもいいのですが、そうならないためには、つねに自分に対するウォッチングをつづけます。「あ、またやってる」と気づけるようになると、おもしろいものです。

「またやってる」からといって、「あぁ、私はなんとダメな人間なんだ、人間のクズだ」と自己批判に戻れというわけではありません。そういう気分になったときは、さらに、「あ、また自己批判してる」と思うと、「やれやれまたか」と、そのしょうのなさにいとおしさが湧いてくるかもしれません。

生まれてきて数十年、これまでのあなたの人生は、そのままで変えようがないし、変える必要もないのです。他のありようはなかったし、それでよかったのです。そう確信できる心の状態は、「セレニティ（落ち着き、平安）」と呼べるものです。「やれやれまたか」「しかし、まあまあこんなものだろう」と落ち着いて思えれば十分です。

「無理な生き方」とは、これまでも触れてきましたが、ひと言でいってしまえば、「他人の評価におびえながら生きる」という生き方です。「他人の役に立たない自分は生きるに値しない」という信念があるから、おびえつづけ、無理をするのです。けれども、他人の役に立とうと立つまいと、あなたは自分の個性に従って、「自分のために」生きればいいのです。

今までずっと他人のために生きてきた人は、そういう生き方を変えることができます。それにはかなりの勇気がいりますが、勇気をもって変えるだけの価値はあるでしょう。

「勇気をもって変える」という表現は、ＡＡなどのセルフヘルプ・グループの支えになっている「平安の祈り」から借りたものです。その祈りをご紹介しましょう。

神様、私にお与えください
変えられないものを受け入れる落ちつきを
変えられるものを変える勇気を
そして、この二つを見分ける賢さを

9 自分の命の自然な流れを実感するようになり、その流れに漂うことの落ちつきを楽しむようになった。

これは**〈セレニティを楽しむことのステップ〉**です。

心が平安で落ちついていると、いろいろなことがスムースに流れるようになってきます。生まれてから死ぬまでの流れは、あなたが無理やりにどうにかしなくても、川の流れのように自然につづいていくものです。一定のペースで、一定のゴールに向かって進んでいきます。ペースを速めようとしてみたり、流れに逆らってみたり、いろいろよけいなことをするから、疲れて溺れそうになるのです。のんびり流れに身をまかせていれば、それで十分、楽しめるのです。

その自然な流れは、日常生活の中にも感じられます。お腹がすいたら食べる、満腹になったら食べるのをやめる、ふと散歩にでかけたくなったら歩いてみる、毎日の仕事をきちんとする、などです。あせってジタバタしていたときには、何をしたいのかもわからず、何をやっても心ここにあらずで空虚だったことが、確かに今ここで自分が楽しんでいる、と感じられるようになるでしょう。

あなたは今まで、自分の欲求どおりに生きていたら他人に嫌われる、と信じていたかもしれません。けれども、この状態になったときにわかるでしょう。人間は、こういう落ちつきを楽しんでいる人に魅かれるものです。あなたが自分のことを好きで、毎日の流れを楽しんでいれば、あなたは決して孤立することはありません。むしろ、多くの人とともにいることを楽しめ、決してひとりではない安心感を得られるでしょう。

10 これら自分の経てきた成長のステップを、まだ○○することの努力に溺れている人びとに正確に伝えた。

これを**〈メッセージのステップ〉**といいます。これを行うあなたは、「先を行く仲間」の一人です。

「正確に伝える」とは、自分の振る舞いによって伝えることです。あなたの行動の変化、変化のプロセスそのものが、周囲に対してのもっとも強力なメッセージになります。

あなたは、周囲に、まだこだわって溺れている人を見ると、何かいいたくなるかもしれません。けれども、彼らを「救ってやろう」とあせらないことです。それでは元のもくあみで、あなた自身が大迷惑を受けた、「やさしい暴力」と同じになってしまいます。相手に「よかれ」と思ってやった善意の行動が、相手の自尊心を奪うのです。

だいたい、あなたにわかるのは自分のことだけで、正しい判断を下せるのも、その判断に責任を持てるのも、自分のことだけです。他人の状態が正確にわかるはずはないし、その人にとって何が正しいか知っているのは、「本人」だけなのです。その人には、自分のことを自分で何とかする力があります。その人が寂しさからぬけ出し、成長するのは、本人の力でしかできず、他人になんとかすることなどできません。

あなたにできるのは、ただあなた自身のために、自分の体験を分かち合うことです。自分の体験を話すことは、「自分のために」必要だからであり、自分の変化を元どおりにしないためには、仲間が必要なのです。

そこには、どちらが上でどちらが下という関係はありません。どちらかが「救ってあげる人」で、どちらかが「救われる人」でもありません。お互いに対等な関係です。対等な関係がつくれてこそ、この成長のステップを踏んできたといえます。そして、対等な関係があってはじめて、本当に他人と「出会える」のです。

第6章

「一人でいられる能力」が「親密な関係」をきずく

Q 全ての人が自分の欲望どおりに生きたら、他人の欲望とぶつかって、社会が混乱しないでしょうか？

○欲望を追求するときのプラスとマイナス

今までの世間では、正常――異常、大人――子供、良いもの――悪いもの、という分け方が一定していました。けれども、何が「正常」かというのは、個人個人によって違うはずです。Aさんにとって正常なことと、Bさんにとって正常なことが違ってもいいのです。いくつかの選択肢が並列していて、その中から自分の好きなものを選べばいいのです。自分で楽しんでいるぶんには、どんなものでもかまいません。

たとえば、すぐにひとつの仕事にあきて、新しいことをやってみたくなって、いろいろ仕事を変えても、本人がよければそれでいいわけです。けれども、その裏には、安定を欠いている、いつまでも一定の領域での評価が生まれない、人から信用されない、というマイナス面もあります。自分が生きたいように生きるプラス面と、そのときのマイナス面をはかりにかけて、好みの問題でバランスをとっていくのが自分の責任です。

それができずに、やりたいことだけやって、邪魔をする人を排除したり、マイナス面が現れると誰かを恨んだり、となってくると危険です。共同体社会の調和と個人の欲望は、どこかでぶつかります。個人の欲望を全解放したら、それで誰もがハッピーになれるかといえば、そうではないでしょう。共同体社会の利益を無視していたら、結局、個人の幸せのためにもなりません。個人も幸せになり、全体的にも調和するというバランスが自ずから生まれてくる社会を目ざす必要があるでしょう。

そこで、孤独にどう耐えるかということが、再び課題になってきます。

個人の欲望の全解放となると、全員が子供化、幼児化、胎児化に向かいます。「こっちを向いて」「私を抱っこして」「おっぱいちょうだい」と全員が始めてしまったら、お互いに赤ちゃんがお母さんのおっぱいを求めるように求めつくし、相手を食いつぶそうとする関係ばかりになってしまいます。

ここでもバランスの問題が重要で、どこでどう歯止めをかけるかを考える必要が出てきます。その歯止めは、今までのように、外部から「これをしてはならない」「こうすべきだ」という条件づけをしてくるものであってはなりません。個人の欲望を認めたうえで、「他人を滅ぼすような欲望の充足は、自分のためにもならない。他人を傷つけることは、自分の欲望を本当に満足させない」ということに気づきましょう。

人間の心は「共存」を心地いいと感じるようにできています。人の傷や痛みを見て喜べるわけがありません。自尊心の高い人は、意図的に人を傷つけようとは思いません。自分の幸せを大切にする人は、他人の幸せも大切にする人で、自分の行動が他人を不幸にするようなことはできないはずです。なぜなら、人を傷つければ自分もまた痛みを感じるのですから。

人を傷つける痛みを感じない人は、自分に対する恨みが強い人です。自分自身が傷ついていることに無自覚だと、他人の痛みにも鈍感になります。

だからこそ、自分の気づかなかった怒りはくみ出しておかなければならないのです。そのうえで、あなたは、あなたの年齢で、あなたのジェンダーで、何を望み、何をつかみたいのでしょうか。私は、最終的に何が必要かといえば、やはり人のぬくもりではないかと思うのです。

異性がほしいという欲望も、結局は、かつて母が自分に注いだような目の輝きや関心がほしいという気持ちでしょう。全ての欲望は、自分に対する関心がほしいという動機から生まれるのではないでしょうか。

そして死ぬときに、心の底から「あぁ、おもしろかった」といえるか。誰かに包まれている実感を持って死ねるか。たとえ山の中で凍死しても、心の中で自分を見守ってくれている人を思い描いて死ねるか。それとも、世を呪って恨んで、「孤独でみじめな人生だった」と思って死ぬか……。

人間は究極的に他人を求め、他人とのふれあいを求めています。そこで、人間関係の成熟のしかたについて、もう少し考えてみましょう。

○「一人でいられる人」は自分の欲望に正直に生きられる

人間が生きていくうえで欠かせない能力のひとつに、「一人でいられる能力」があります。これは、イギリスの小児科医であり、精神分析家でもあったドナルド・ウィニコットが使った言葉です。

一人でいられる能力は、母親の腕の中で芽をふき、育ちます。子供は、母親にたっぷり愛され、見守られているという安心感を持つと、やがて徐々に母親の腕の中から離れていきます。最初は腕からひざの上へ、そして部屋の中を探検し、家の中、さらに外へと、母親から離れて「一人でいられる」範囲を広げていくのです。

これができるのは、離れていても、ちゃんと母親に愛され、「母親と共にいる」ことを確信している子供です。母親から離れて冒険しても、戻ってくれば母親はそこにいて、また抱きとめてくれる。こうした安心感があるからこそ、子供は一人で遠くへでかけていくことができるのです。子供の頃にたっぷり甘えた子供は、親離れもスムースで、さっさと自立していきます。

反対に、このような確信が持てない子供は、一人でいることが不安で不安でしかたなく、いつもどうしようもない寂しさを抱えることになります。一人でいることはイコール寂しさと絶望であり、一人でいても、自分を愛してくれる存在がいることを信じられません。一人でいることに耐えられず、つねに落ちつきなく動いて活動し、何かに依存していきます。

「一人でいられる」ということは、決して、「一人で家の中に閉じこもっている」という意味ではありません。他人を前にしていても、「自分が一人でいる」ことを楽しめる状態なのです。母親の視線のもとに安全を感じている乳児が、母親のことを忘れて自分の手の動きに気をとられているとき、この乳児は、「一人でいられる」といいます。

「他人を拒絶して生きる」ことでもありません。「〇〇なしにはいられない」の対極にある言葉だと考えればいいでしょう。「酒なしにはいられない」「タバコなしにはいられない」「男なしではいられない」「妻なしには生きられない」という状態は、「一人ではいられない」人です。

「一人でいられる」人は、ときには、お酒を楽しみ、タバコを楽しみ、恋愛をし、他人との温かい関係にぬくもります。けれども、決してそれに依存しきっているわけではなく、それなしにも生きていける人です。誰かのために、何かのために、自分を犠牲にする必要がありません。

一人でいられない人は、一人になってしまうことの恐怖と寂しさで、誰かに、何かにしがみつかなければ生きていけません。けれども、一人でいられる人は、しがみつく必要がないので、自分の欲望に正直に生きられます。一人でいられない人は、相手を支配しないと不安ですが、一人でいられる人は、相手を束縛する必要がありません。相手に、自分への愛を強要することもないのです。

真の個性とは、「一人でいられる能力」なしには発達しません。そして他人への献身も、これなしにはできません。**「一人でいられる能力」が発達してこそ、他人との親密な関係がつくれる**のです。

○親密性とは、対等な二人の関係

私たちは母親（ないし母代理）の関心と世話やきの中で育ってきました。ですから、母親との関係こそ親密そのものといいたいところなのですが、そう簡単ではありません。私たちは母親にしがみつき、依存してきたわけですし、母親のほうも私たちを拘束してきましたから、この関係は平等ではありません。対等であることは二人の人間が親密であることの必須要件です。私たちにとっての「真の欲望」とは、自分以外のもう一人の人から「承認」してもらうことだと前にいいました。必要なのは条件をつけない「まるごとの承認」です。「そのままのあなた、そのあなたがいい」というのが承認ですから、自分が完全無欠で、この世の中心ということになります。

しかし、他者からの承認ばかり求めるわがままがつづくと、相手は奴隷のようになってしまいます。奴隷に承認されてもしようがないので、自分のほうでも相手を承認しなければならない。そうなると、自分のほうの都合ばかりもいっていられない。相手に承認されるように、自分のほうも譲歩しなければならないとなると、他人が自分に侵入してくる不安に耐えなければならないことになるわけです。

こうして私たちは、「私を承認してという自己主張」と、自分を承認してくれる他者に価値を見出す「他者承認」とのバランスをとって毎日暮らしているのです。親密性というのは、こうして相互に承認しあう二人の間に漂う感情です。

このバランスが崩れた時のひとつのありかたは、自分を卑しめ、承認してもらいたい人に奴隷のように仕えて過ごすという屈従の人生です。そんな人は多くないだろうと考えるのは間違いです。夫に仕え、子供につくし、夫の出世と子供の成長を自分のことのように喜んでいた一昔前の女性たちの人生はこれに近かったと思います。

逆に自分だけが優れていて強い、周囲の全ては自分に奉仕するモノに過ぎないということになると、これは寂しい世界です。寂しいから大急ぎで、承認してくれる「他人」を探そうとする。

そしてそれらしい人々に出会うたびに、自分の力を確認するために相手を征服しようと攻撃します。この攻撃は、自分より強いもの、優れたものに出会って、自分が奴隷になるまでつづくパワーゲームです。子供が暴力などで親を支配してしまった場合、子供はこの種の寂しい世界の中であがきつづけることになります。

ですから親は、子供の自己主張に適度な規制を加える力と気力を持ち、子供が承認してもらいたい人としてとどまる覚悟が要《い》ります。子供を承認しつつ、子供から承認を求められる者でありつづけること、これが親の仕事です。これが難しいから、成人になった子供は、親から離れようとするのです。

もっとも、大人になってからもベタベタとまとわりつくような「友だち親子」や「一卵性母娘」ならたくさんいます。この場合は、相互に情緒的に分離した二人になっていないのです。子供のほうで大人になっていないので親子の融合が切れていないか、あるいは親自身が初めから大人になっていないでチャム（なかよし）・グループをつづけているだけのことです。

こうした二人は、親のほうも、子のほうも家族以外の人間関係が貧弱です。親密な関係は、あくまでも対等な個人の差異の感覚の上に成り立つものです。相手は自分とは違うという感覚が育てば育つほど、親密な関係の必要性も増し、親密性の感覚に敏感になるのです。

○対人恐怖とは親密な関係をつくる能力の欠如

他人の奴隷になりたくない。かといって他人を支配しつくす力もない、というところで生じるのが対人恐怖症の人の世界です。孤独で、耐えがたいほどに寂しい。本当は他者の承認がほしくてならないのだが、それを求めるには自分の境界に他人が侵入してくるのを許さなければならない。その不安と恐怖に耐えられないという状態です。世界の中に孤立する、絶対者としての自己を保ちたいのです。

親への過度な依存から脱し、親との相互作用を経験しながら独立した個人として育っていく過程で親密性の感覚は磨かれます。対人恐怖症者は、この過程に恵まれなかった人ですが、だからといって一生を閉じこもって過ごす必要はありません。必要なのは、知識とトレーニングです。まず、相互に承認しあうバランスというものがあり得ることを知り、体験する必要があります。親からの情緒的独立の過程で、磨く機会を逸した親密性の感覚を成人同士の「安全な場」で育てつづけていけばいいのです。どこにそのような「場」があるか？　私自身は前に述べたような「問題縁」で結ばれた自助グループがそのひとつだと信じていますが、どこにそれがあるかを知ることも知識のひとつです。

寂しさから嗜癖が生じると前にいいました。そこでいった寂しさとは、この種の対人恐怖症的な寂しさです。つまり嗜癖者とは対人恐怖者なのです。彼らが食べ物やアルコールに手を出すのは、これらのモノとのつき合いであれば、自分が承認される、されないという恐怖から逃れられるからです。「冷蔵庫はしゃべらない」し、「酒瓶は要求しない」からです。

○親密性とは「拘束されない愛」のこと

親密性とは愛の感情です。しかし、愛そのものが親密性というわけではありません。愛は時に相手に侵入し、相手を支配する形をとりますが、こうした愛は親密性とは無縁です。愛に飢え、他人の承認を求めればこそ、その他人を愛し、その人のいきいきとした存在を承認する。そのためには、自分の境界に侵入されることも辞さないが、他人の奴隷として屈服するわけではない、というぎりぎりのバランスのところで成立するのが親密性です。

セックスする二人は、陶酔の中でそれぞれの情緒的境界を破り、肉体において境界侵犯を許し合います。独立した個人にとっては危険な状態に入るというところに意味があり、だからこそ人間関係の中でも特異で重要なものとされているのです。したがってこれが、相互承認という前提なしに行われるとそれは加害と被害の関係になり、被害者は肉体だけではなく、心理的にも傷を受けます。そしてトラウマ（心の傷）は、被害者のその後の人生に深刻な影響を及ぼします。

セックスの際には、その人の親密感覚の発達が試されているともいえるでしょう。情緒的独立が達成できていて、自己評価の高い人の場合、柔軟ではあるけれど輪郭のはっきりした自己境界を備えています。それを相手に向けて解放するという行為そのものが、自己主張でもあり、他者承認にもなるのです。それはそのこと自体、自分への優しさを高める行為です。相手の欲望に奉仕するためだけのセックスは、自分に優しくないだけでなく、奉仕しているはずの相手の承認も得られません。そのセックス相手は単なる道具、モノに過ぎないからです。男が金を払ってするセックスであれば、男は単なるキャッシング・マシーンです。

セックスをともなうような関係では、愛は拘束に変わりやすくなります。伝統的なセックス観の中では男がしかけ手、女が受け手のように考えられてきました。まるで女性は性的欲望を持たないかのようにです。そしてひとたび性行為が完了すると、しかけた男が女に責任を持つのが当然と考える傾向がありました。これではまるで経済行為です。たとえそこに愛が介在していたとしても、男だけがセックスする主体であり、女はその客体に過ぎないというような関係は親密性とは相容れません。

このような関係の中では、セックスはむしろ拘束のための手段と化します。男が女を引きとめるための、女が男に責任をとらせるための、あるいは愛情が少しでも残っているか否かを確かめるための手段です。このように考えてみると、世にありふれているセックス行為のほとんどは、相手を拘束するために行われているような気がしてしまいます。

Q「親密な関係」をつくれれば、この寂しさは消えるのでしょうか？

○適度な寂しさに耐えているのが本当の大人

対人恐怖者に見られる「耐え難い寂しさ」の感覚からスタートして、親密な関係をつくる能力を高め、「大人の寂しさ」の持つ豊かさと創造性に達するというのが、私の「成長プログラム」です。したがって、寂しさの感覚は、これを敵視してやっつけるという相手ではありません。

お互いに会いたいときに会って、いい関係を結べる。その関係は、安全で快適だけれども、決して相手を食いつぶさない。そのためには、ある程度の距離が必要です。

距離があるから、そこにはいつも寂しさがあります。一〇〇パーセント融合するということはありません。けれども、そんな寂しさをいつも抱えながら、個と個が離れて存在し、必要なときにはあたため合う。適度な欲求不満を抱えながら、相手の欲求も満たしながら、満たしつくさない。そんな関係は、一見、安定感を欠いた関係のようですが、じつは一番、安定していて長続きするのではないでしょうか。

あなたも、長く友だちでいる人について考えてみれば、自然とそういう関係をとっているということがわかるでしょう。恋愛の初期のような、「あの人は私、私があの人」というような一体感は、いっときはとても充実しますが、そう長くはつづかないものです。

たとえば、革命運動でも起こったり、外敵が襲ってきて日本国を守るのだというような状況では、誰もが同じような気分になり、一体感を得られるでしょう。けれども今の日本では、そんなさし迫った危機はそうそう感じられません。すると、それぞれが「違う」ということを認め、共有できない部分がある寂しさを感じながらも、そこで友だちでいるのか、寂しさを感じさせる人間だから相手にしないのか、という選択になってきます。

それには、退屈の許容量、寂しさの許容量が問題になります。**適度に欲求不満、適度に退屈、適度に寂しい。それにある程度、耐えられるのが「大人の条件」**なのです。

ここで、「大人の条件」をあげてみましょう。

私はこれを「現実検討の能力」「衝動をコントロールできる能力」「自分を肯定できる能力」「いいかげんにやれる能力」「人と共感できる能力」の五つに分けて考えています。

まず、大人は他人に依存しないで生きていけないとならない。それには当然、経済力も必要です。これは、自分を取りまく現実を正確に把握する能力や、欲求不満に耐える能力がないと身につきません。現実検討や衝動コントロールができるということは、自分の能力の限界を知り、誤ったところは修正していく能力も含まれます。これは「自己肯定の能力」と矛盾するようですが、そうではありません。

「自己肯定」とは、自分のすることをなんでもかんでも正しいと判断することではないのです。人間は、ときには間違ったこともするし、失敗もします。けれども、失敗を糧《かて》にすることはできるし、間違ったことは直していけばいいのです。自分の能力には限界があるのだから、限界の中でできることをやっていけばいいし、万能である必要はありません。つまり、**自分の不完全さを含めて肯定的にとらえることを「自己肯定」という**のです。

自分が世間に受け入れられ、愛されていると感じるからこそ、イヤな欠点から目をそむけずに見つめたり、欲求を我慢したりできます。あなたもそうではないでしょうか。自分のことを愛してくれていると感じる人からのアドバイスは素直に聞き入れられても、イヤな人からいわれると反発し、「そんなことはない」と否認したり、ますますその欠点を増長させてしまいます。受け入れられ、愛されていると感じるときだけ、自分に対する問題提起を建設的に受けとめ、前に向かって進んでいけるのです。

自己肯定感の強い人は、自分の誤りを認めたり、現実にそぐわない行動を改めることができるので、人間関係もうまくいきます。

今すぐすべきこと、次にすべきことの優先順位の区別もつけられます。注意深く完全をねらってするべき仕事と、直観力でおおまかな見通しをつける仕事も見分けられます。これは「いいかげんにやれる能力」ですが、最も高度な大人の能力と呼んでいいでしょう。世の中で目立った業績をあげている人は、たいていこの能力に恵まれているものです。

一方、才気や能力に恵まれながらも、その努力を空転させている人というのは、この能力に欠けているものです。今やれることをひとつだけ決めて、失敗してもいいからやってみる。いいかげんでいいからやってみる、ということが大切です。

「共感する能力」とは、体験を分かち合う能力のことです。他人の喜びを喜び、他人の痛みを感じる。この能力は、人間なら生まれつき誰もが持っていますが、鍛錬しないとしぼんでしまいます。

人間の精神は、最初は「取り入れる」段階から始まります。赤ん坊は、親の愛と関心を取りこみ、栄養、言語、生活技術を取り入れて成長していきます。そして、徐々に他人への共感性を発達させ、「分かち合う」段階へと発展していきます。これが大人への成長です。本当の大人とは、他人と共感し合い、分かち合い、感情を共有する能力をたっぷり備えています。けれども、決して他人の感情と自分の感情を曖昧にいっしょくたにして、区別がつかなくなっているわけではありません。

○「大人の能力」を備えるのが、惚れこみのできる条件

こうした大人の能力を備えていることが、じつは自分の子供のままの欲望を満たしていくための条件でもあります。自分の中に十分な「大人」が育っていれば、自分の中の「子供」を適切にあやしていけます。「大人」と「子供」の両方を自分の中にバランスよく持つことが、欲望を殺さず、なおかつ間違った方向にエスカレートさせずにかじとりできる条件なのです。そして、これはまた、質の高い「惚れこみ」ができ

るための条件でもあります。

人間関係でいえば、相手と一体化したいほどに好きであっても、その人を大事にするから、ある一定以上に相手を支配しない。自分のことを好きで、自分が大切だから、一定以上に相手に支配させない。そういう距離が必要ですし、その距離を上手にとるためには、大人の条件を備えている必要があります。

人間の持って生まれた欲望を梅干しの種だとすると、周囲に適応するためにその欲望を果肉で包んでいるのが私たちです。今までは、その果肉が厚かったのですが、現代は、徐々に薄くする方向に向かっています。自分の欲望を、もっとストレートに出して、追求できる時代になっているのです。けれども、梅干しがぎゅうぎゅう詰めになって、皮が破れて種同士がくっつくような状態になってはならないでしょう。

「本当に愛してくれているのか」という不安が起こるとき、人は相手をもっと支配しようとやっきになります。愛玩物のようにしてしまい、いつも手元に置いておこうとします。そして究極的には相手を滅ぼしてしまいます。

けれども、相手もまたいきいきとした個体であって、自分を愛してもらうほうがよほどいいと思いませんか？　自分を愛するいきいきした表情や心の動きを見るのと、いつも自分のそばにいても死んだような目をしているのと、どちらがいいでしょうか。

それを考えたら、相手を大事にしなければ、自分も幸せにはなれないでしょう。

自己肯定感の強い大人であれば、相手が適度な距離をとろうとしているときには、相手の意志を尊重できます。けれども、他人の評価で自分の価値をはかっているうちは、相手が自分のほうに向かないと、そのことによって自分の価値が傷つけられます。そこでなんとかしてこちらを振り向かせようということになり、必要以上に踏み込んだり、支配・被支配、コントロールゲームを始めてしまいます。

また、共依存者は、一〇〇パーセント共有できるような関係を求めるあまり、そうでない部分があるとがっかりして、いきなり離れたりしがちです。けれども、共有できない部分のある寂しさに耐えられるのが大人であり、共有できる部分を楽しんでつき合っていければ、二人の関係の中でさまざまな個性も発見できるでしょう。

自分は自分でしっかり安定して立っていなければ、本当に相手に惚れこむことはできないのです。

ただ、たとえば、白血病の子供とその母親のような関係が「共依存的でよくないのか」といえば、そうではありません。三〇歳になろうと四〇歳になろうと、世話が必要な状態の人間の世話をするのは当たり前です。けれども、病気でもない、子供でもない大人同士の関係で、あたかも病気の子供と母親のような関係をつづけているのはおかしいのです。

Q 「共依存」と「親密性」の違いは何ですか?

○親密性は、制度とは相性が悪い

第1章で指摘したように、親密性は組織や制度とは相性が合いません。一見、浮気者です。あるとき、一瞬惚れこんで、次の瞬間は冷めてしまう、ということもあり得ます。別の惚れこんだ対象に向かっていることもあるからです。

ただし、本当の意味での親密性を獲得すれば、長い時間経過で見ると、その関係を維持していることになるでしょう。なぜなら、惚れこめた対象というのは心の中に残って、そのときの快適な経験が自分の中で癒しとしてつちかわれます。思い出すと気分がいいので、またそのいい気分を味わいたいと思って、関係をつくります。また時間が来たら去っていく、という繰り返しができるわけです。いつでも惚れこめる状態なので、いつもいっしょにいなくても関係がつづきます。

時間をかけると、時間をかけたぶん、お互いに価値のある、かけがえのない相手になってくる面もあります。その関係の中で、「あの人でなければ」という個性が磨かれてきます。男なら誰でもいいというのではつまらないでしょう。「あの人と出会えた」という出会いこそが、寂しさを埋めていくのです。

ただ、そこにずっととどまらなくてはならないとなると、共依存になってきます。何の喜びもなく、ただいっしょに過ごすのでは個性化に結びつくはずがありません。むしろ没個性になってしまう。今の夫婦制度は、親密性をつくるのには向いていないのです。母と子の関係には恒常性が必要ですが、大人同士でいつもいっしょにいようとすると、どちらかが母、どちらかが子供という関係になってしまい、大人同士の親密さが保てなくなってしまいます。

対等な男女関係であれば、しばらくいっしょにいて、「じゃあ、またね」と離れる関係がつくれます。

「少し飽きたね。じゃあ、そろそろやめて、また会いたくなったらいっしょになろうか」

「夏だけここに戻ってくるから、夏だけ会おうか」

こういう関係をつくるのはたいへん難しいことは確かです。親密性に要求される条件には、人間の限界を超えるところがあります。それは「嫉妬の抑制」という問題です。嫉妬というのは、お母さんのおっぱいを確保するところに始まる、人間の根源的な感情です。お母さんのおっぱいを他の人にとられてしまったら、赤ん坊は生き残れません。だから、お母さんのおっぱいを独占したいという気持ちが生まれます。これを抑制するのは大変なことです。

「親密な三人関係」とは、たとえば、ある男性がA子さんを好きだとする。A子さんには子供がいて、その子を誰よりも大切に思っているとすると、その男性はA子さんが大切にしているその子を、自分も大切に思うというような状態です。

この場合には、子供が一人入っていますから、比較的ラクかもしれませんが、大人三人の中でこうした関係を保つのは大変です。A子さんを愛する男性が、B子さんも同じように愛しているとき、その男性の大切な人であるB子さんをA子さんも大切に思えるかどうかということですから。

このバランスやルールを維持するのは、かなり成熟した大人にしかできないでしょう。赤ちゃんの自分中心とは違って、大人同士が相手を十分に尊重し合うつき合い方です。こう考えてみると、親密性の発達というものには限界がありません。もともと、これはバランスの感覚なのですから、なじんで慣れろというほかないのかもしれません。

○「アガメムノンの恐怖」と親密な関係

また、親密性には緊張感がともないます。流動性があって変化するものだからです。今の日本でふつうにみられる夫婦関係は、これとは全く反対で、固定していて変化がありません。夫の多くは、仕事が終わっても飲み歩いていて、家に帰ろうとしません。私は、男が家に帰ってこないのは、「アガメムノンの恐怖」がないからだとつづねいっています。

アガメムノンとは、トロイ戦争のときのギリシャ側の総大将です。トロイの王子のパリスが、ギリシャのスパルタの王妃を盗んでトロイに連れて帰ってしまいます。怒ったギリシャ側は、アガメムノンを総大将にした連合軍をつくって攻め、七年間、戦いました。最後に、有名な「トロイの木馬」のお腹の中に兵隊をつめて、ひきあげたフリをします。トロイ軍が、その木馬を城壁の内に入れたら、中から兵士が出てきて城を占領してしまう、という話です。

さて、その後、ギリシャ軍は戦利品などを持って国に帰るのですが、アガメムノン王は、帰ったとたん、妻に「お風呂に入りなさい」といわれ、裸になったところを、妻と間男に殺されてしまいます。これが「アガメムノンの恐怖」です。

もう一人、オデュッセウス（ユリシーズ）という男は、帰るときにあちこち寄り道をします。魔女に惚れられたり、ひとつ目玉の大男につかまったり、いろいろなところでさんざんな目にあったり、いい思いをしたりして、やっと自分の城に帰ると、そこにはたくさんの男性に囲まれている妻のペネロペがいます。

「もうユリシーズは死んだだろうから、我々の中から誰か一人を選んで、この城の王としろ」

と詰め寄られているのです。ペネロペは、機織《はたお》りをしていて、

「この布を織り終わったら決めます」

といいます。しかし、昼は布を織り、夜はそれをこっそり解いているので、なかなか織り上がりません。それがバレて、「もう許さない、おまえはオレたちのものだ」といわれているところへ、息子のテレマコスにともなわれたユリシーズがみすぼらしい格好で戻ってきます。「明日は新しい王様が決まる」という宴会をやっている場所へ、ユリシーズはなぐり込みをかけて、男たちを皆殺しにしてしまうという話です。

ユリシーズにしてもアガメムノンにしても、妻をほったらかしにして帰ってくると、

大変なことになっているわけです。こういう緊張があるから、むやみに妻をほうっておけません。これが男と女の仲で、それには妻も、女をやっていなければなりません。近所の男たちに囲まれたり、間男をつくれるくらいの魅力をいつも保っていないと、こうはならないわけです。

ところが、今の私たちのまわりの夫婦はどうでしょうか。ある雑誌が「帰宅拒否症」の特集を組んだとき、帰宅が深夜になることの多い会社員の男性たちにアンケートをとりました。

「奥様はどう考えていると思いますか?」という質問には、「妻は信じて待っていてくれると思う」という回答がほとんどでした。

「一番不安なことは何ですか?」という質問には、「妻に先立たれること」というのです。

それならさっさと帰って妻となかよくすればいいのですが、そうはしないのです。午前一時、二時まで仕事をしている人もいるし、会社が八時に終わっても、その後、飲み歩いて、帰るのはやはり午前様。バーのママさんと、保育園の保育士さんと子供のような関係を結んで甘えています。そうした男たちにとって、家で待っていてくれるのは、妻ではなくて母なのです。

男性は家の中で子供をやりたくて、「家」という子宮をつくります。それが欠けてしまった男性は、悶絶するほどの寂しさに襲われるものです。だいたい男性はシングルのままほうっておいたら寿命が縮むので、子宮を求めてさまよいます。そういう男性に子宮を提供してしまう女性もまた、誰かを世話することによって、自分の寂しさをまぎらわす。寂しい者同士で夫婦関係をつくることになるのです。

私は、こうした男性に子宮を提供してしまう日本の女性は、やさしすぎると思うのです。女性は自分の背丈にあった男性としか異性関係をつくれないし、男性も同じです。「ママ、パンツどこ?」「ご飯は?」とやっているようでは、女をつくれず、母しかつくれません。

女性のほうも、「それでは困る、私はだめよ」とピシッとしたところを見せないと、簡単に母と子の関係になってしまいます。毎晩毎晩、夜中に帰ってきて、自分をしっかり愛してくれているという確認もしてくれなければ、「今日はどうしてた?」とひと言も聞いてくれないようなパートナーは、パートナーではありません。そうはっきりといわない限り、男性は快適な子宮の中で胎児として暮らすことを選んでしまいます。

けれども、女性のほうも、それをすると、自分が女だということをいつも確認していなければなりません。それが面倒なので、「まぁいいや、向こうはお母さんだと思っているし、子供も生まれてみんなにママ、ママと呼ばれるようになったから、このさいママでいこう」となってしまう。夫婦制度に頼ってそういう生活をしていれば、そのほうがラクなのですから。けれども、表面的な快適さの奥で、「退屈」と「耐え難い寂しさ」がうずくようになります。

○親密性に必要な情緒的コミュニケーション能力

夫婦制度に頼らず、親密な関係を維持しようと思うと、生きていくことにエネルギーがいります。恋愛ひとつするにしても、自分をどうやって魅力的にしておくか。必ずしも若くてきれいならいいというものではありません。人が人を求めるときには、いろいろな求め方があります。自分にそった魅力をどうつくっていくか、つねに考えていなくてはなりません。親密性を追求するには、個性化、個別化が大切なのです。

また、制度に頼らないとなると、お互いの間でルールをつくらなければならなくなります。「みんながこうしているから」「これが当たり前だから、常識だから」というルールではなく、二人の個性の間で、互いの主張をぶつけ合わせたうえで調整するルールです。しかも、恒常的なものではなく、今日のルール、明日のルールで違う場合もあるでしょう。

女性のほうもラクではありませんが、男性にとっては、コミュニケーション能力を発達させることが必要になってきます。訓練のせいか制度のせいか、あるいは脳の違いなのかはわかりませんが、一般に男性は、人間関係以外のところに視野が開けていますす。女性は人とのコミュニケーション能力が発達していて、人間関係をよくすることに熱心です。

男性はオーダー言語（命令伝達系統の言葉）を使うことが多く、女性は情緒的言語を巧みに操ります。この能力は赤ん坊を育てることによってさらに発達していきます。情報量は少なくても、延々と続く情緒のやりとりで会話が成立するのです。男性の中には、女性のこういう会話を、「井戸端会議」などといってあきれる人もいますが、私は積極的に評価しています。いつまでもペチャペチャおしゃべりして「しまう」のではなく、「できる」という能力としてとらえるべきでしょう。

女性が男性に比べて、アルコールやドラッグ、パチンコにハマらないのは、女性のほうがコミュニケーション能力が高いからだと思うのです。男性のほうが耐え難い寂しさに直面しやすいといえます。男同士でペチャペチャと情緒的会話のやりとりをするということはあまりありません。男同士では見栄もあり、どちらが上かという競争になりがちです。そのことが男性の人間関係を狭くしているし、男自身を生きにくくしています。

そういう男性の言語能力の不足が、女性から見れば赤ちゃんと同じで、魅力のひとつとなるわけですが、これに甘えていると、限りない「子供返り」の過程をたどることになって、妻なしには生きられない男になってしまいます。

これからは、男性も子育てでコミュニケーション能力を高めて、井戸端会議ができるようにならないと、生きにくい時代となるでしょう。

○他人と比較することの少ない人は生きやすい

こうした親密な関係を持てるようになることで、子供の頃の心の傷は癒されます。怒りや嫉妬、憎しみの感情は、自分の親から受けつがれることが多いものです。親自身が、兄弟姉妹の中で比較・差別されて、嫉妬を味わって生きている。すると、それを自分の子供に向けることになります。たとえば、次女が生まれてお母さんのおっぱいを奪われた長女は、自分が二人の娘を産んだとき、どうしても次女がのさばることを警戒します。自分と長女を同一視して、長女を保護しようとしてしまうからです。するとと次女は、自分の責任の範囲外で、たいへん過酷な目にあうことになります。

長女のほうも、そういう親の差別を読みとって、他人に対して差別をするようになっていきます。子供というのは、つねにこうした汚染を親から受けて育つのです。

二人の娘がいても、母親が、二歳児を抱っこして情緒的に安心させながら、次に生まれた赤ん坊にミルクを与え、その成長を二歳児のお姉ちゃんとともに心から楽しめる、というようであれば、親密な関係をつくれる子供が育つでしょう。その場合、父親も、妻に対して「私は夫に愛されている」という安心感を与える存在でなくてはなりません。父親は、母親を安定させる存在として重要なのです。

こんなふうに母親がかなり自立性を身につけ、三人の子供がいても、三人とも同じように愛した、という家庭であれば、嫉妬の抑制力の高い子供が育ちます。さらに、

「あなたを、他人の子供と同じように愛するよ」

というしつけを受けた子供であれば、平等に人を愛する人間に育つでしょう。しつけというのは身を美しくする（躾）と書きますが、本当の意味のしつけは、このようでなければなりません。

兄弟姉妹で、比較されずに育った人は、自己評価が高い。**たっぷりした自尊心を持っている人というのは、いいかえれば「比較が少ない」人**なのです。比較が少なければ、「あの人はあの人、私は私」と思えます。どの人が何をやっていようと、自分

のやっていることはみないいわけですから。反対に、自分のやっていることに自信満々のようでいても、いつも人と比較している人は、生きるのが苦しそうです。

私のしている精神科臨床という仕事は、人の話を聞く仕事ですが、比較の少ない人というのは、生きるのがラクそうです。病気の症状も、ひどい状態からよくなっていくにつれて、他人との比較が少なくなっていきます。


比較をするなら、自分の中で比較をするといいでしょう。自分の目標を10としたときに、今どのくらいかという比較をするのです。これは励みになります。私は、逆の聞き方をすることもあります。病気の症状がひどいときに、

「一番悪いときを10として、今いくつくらいだと思う?」

と聞くと、10という人はまずいなくて、

「4ぐらい」

などといいます。

「じゃあ、よくなってるじゃないの、なんだい、そんな泣きっ面《つら》をして」

というふうになります。まぁ、たまには「今が人生最悪のときだ」という人もいるでしょうが、最悪のときには、そんなことを考えている余裕もないものです。比較を

しようという余裕があるのなら、だいぶ状況がよくなっていると思えばいいでしょう。

この数値社会、ブランド社会、比較社会の中で、他人の評価をどこ吹く風と生きられるようになったら、相当の大物です。私の時給はすごく低い、と思っても、「時給が低いことと、私の真の価値は関係ない」と、淡々としている。子供がほしいと思って産んだのなら、子供なしで楽しく生きている人を見てうらやましがらない。「私はこうして子供と楽しい時間を過ごせてよかったわ」とのんびり生きればいいのですから。

みんながこうなってくると世の中はハッピーな人だらけで、平和で楽しいでしょう。何かひとつのことに人がいっせいに集まって競争になることも少なくなります。大根をつくりたい人は大根をつくって、パソコンを使いたい人はパソコンを使って、絵を描きたい人は絵を描く。それぞれが好きなことをやっていると、自然と必要なものがみんなそろって調和し合う。これが、理想的な社会ではないでしょうか。

Q 自分の幸せのために生きることは、わがままではないのでしょうか？

○自分を認め、許し、愛していくのはあなた自身

この現代に、私たちが得たものと失ったものは、どうも同じ重さを持っているようです。昔は、生物的に生き残ること自体が大変で、よけいなことを考えているヒマがなかったかわりに、生きているだけで「ありがたい」と喜びを感じられました。今は、みんながそうそう簡単には死ななくなったかわりに、「生きる意味を見出す」という別の苦悩を背負ってしまったわけです。

大昔は、「寂しい」などといっていられるのは、ごく一部の有閑階級だけでした。たとえば、お釈迦さまは一国の王子さまで、食べることにも着ることにも女性にも不自由しませんでした。あるときお城の外へ一歩出たら、病人や死人や老人が苦しんでいるのを見て、苦悩してしまったのです。現代は、「一億総お釈迦さま」といっても

いいほどみんながいい生活をしていて、苦悩できるヒマ人ばかりの時代といっていいでしょう。

お釈迦さまも、断食してみたり、ひたすら座ってみたり、さんざん難行苦行をしたようですが、最後は牛乳で炊《た》いたおかゆを食べてやめてしまったわけです。過食症・拒食症の女性なども、現代の難行苦行者といえます。それを通りぬけたときは、もう悟りを開いたようなものです。きっとこの時代を生きる知恵を身につけているにちがいありません。

苦悩はしているけれど、まだ難行苦行まではやったことがないという人は、病気になってみてもいいかもしれません。「病気になる」というのも、本当の出会いを開くきっかけになり、自分のために生きる始まりとなります。

他人のために生きてきた人生を振り返り、必要であれば怒りを吐き出す。そうして、自分の欲望にそって生きられる状態になったとき、あなたの前にはたくさんのごちそうが並んでいるはずです。選択肢はたくさんあるのです。

今までの社会では、結婚して、子供を産んで、ひとつの職業を持って、ひとつのところに安定することが、「大人になること」でした。また、「家族制度」の中で、個人の欲望が抹殺されることもありました。大家族の中で、一〇〇パーセント、お家のための嫁とりが行われていたのです。けれどもその後、「好きな人と結婚する」というロマンティック・ラブの思想が現れてきて、少しだけ個人化のほうに進みました。「自分の好きな人」という、個人の欲望を選ぶことが可能になったのです。これからは、もっと個人個人の多様な欲望にそって、人生を生きる時代になるでしょう。

他人に、「結婚しなければ一人前ではない」という目で見られるから結婚した、「親がうるさいから」結婚したというのでは、自分の責任を放棄していることになります。自分の「真の欲望」を念頭におきながら生きると、今までの考え方からみれば、未成熟に見えるかもしれません。でも、それでいいのです。結婚もひとつの選択肢であり、子供を産むこともひとつの選択肢。必ずしも大人の必要条件ではありません。自分の責任で選択をし、その結果を引き受けることこそ大人としての成熟であり、「自分のために生きていく」ということです。

四年ごとにパートナーを取り替える人がいてもいいでしょう。夫はいらないが子供はほしいという人は、人工授精で産めばいいのです。養子をもらってもいい。正常な性的関係もひとつに決める必要はありません。同性を求める人は男どうし、女どうしで夫婦生活を送ってもいいし、同世代で結婚しなくてもかまいません。五〇代の女性と二〇代の男性というカップルがいてもいい。自分が好きなときに好きな人に寄り添う。そんな男女関係が、今までよりも大目に見られるようになってくるでしょう。

男のくせにメソメソしていると非難されることもありません。女のくせに生意気だといわれることもありません。我慢しないで、怒るときは怒ったり、いってはいけないことをズバッという人が、「困った人」ではなくて「魅力的だ」と思われるようになるでしょう。社会全体が、今まで「子供」といわれていた人が持つわがままさや奔放さに近づいていくと思うのです。同時に、その子供を上手にあやす「大人」の要素も発達し、子供を暴走させないバランスが生まれてくるでしょう。


誰のためでもない、誰のせいにもしない、自分自身をハッピーな状態にすることが、あなたの第一にするべき仕事です。全員がそのことに力を傾けていれば、個人と個人がきちんとぶつかり合えます。どちらかが支配したり、食いつぶす関係にはなりません。個人個人がそれぞれ自分の欲望をまっとうに追求できる社会にしていくためには、まず、あなた自身が自分の欲望を見つけ、自分のために生き始めてください。

あなたが、一瞬一瞬、自分を大切にして生きるとき、あなたの中に湧きあがる感情や欲求は大切にされ、固定した「〇〇らしさ」から自由になれます。今までよりずっとラクで、しかも、自分にとって必要なことも限界も、自然に見きわめられるようになるでしょう。

自分の欲求を中心に行動していても、深いところで他人と共感でき、調和することができるはずです。なぜなら、あなたの心の深い欲求は、他人とのつながりを求め、調和を求めているからです。あなたが自分の中に深く潜っていけばいくほど、他人とのつながりを確かに感じられるでしょう。あなたが自分にほれてほれてほれこむほど、他人に対して湧きあがる深い愛情を感じずにはいられなくなり、寂しさが消えていくでしょう。

人生に決められたレールはありません。一定のモデルもありません。あなた自身がレールを敷いてつくっていくのであり、あなた自身が「これでいい」と思う人生を歩んでいけるのです。誰かに「それではダメだ」という口出しをさせないかわりに、誰かに「それでいい」と許可してもらい、責任を請け負ってもらうこともできません。

あなたは、もう自分の外側に「親」を持っていないのです。自分自身で、心の中の子供の欲望に耳を傾け、それを見守る心の中の親の声に耳を傾けましょう。自分を認め、許し、愛していくのはあなた自身なのです。あなたは、今、もうすでにそのままで、「自分のために生きていける」能力を持っているのです。

おわりに

うつ病になって一〇年という三七歳の女性がいる。いや、成人してからずっと抑うつ的であったといったほうが正確かもしれない。一〇年というのは、治療を受け始めてからということである。仕事依存的な会社員の一人娘で、大学を出てから就職していた。三〇歳を超えて結婚してから専業主婦になったが、子供はいない。結婚してから特に抑うつ感が強まり、方々のクリニックでの抗うつ剤の投与と精神病院への入院を経て、最後にはアルコールに頼ってアルコール依存になり、私たちの治療を受けるようになった。私は、彼女から病歴を聞き、母親にも会い、そのうえで、この女性と母親との接触を禁じた。しかし、二人はなかなか離れられず、その間の半年間、病状の改善は見られなかった。最近の半年間、彼女はようやく母親と会わないでいられるようになり、以下のような手紙が届くまでに良くなった。その手紙の中に「寂しさ」についての記述がある。

斎藤先生、久しぶりにお便りいたします。

私は一〇月半ば過ぎから現在までの約一ヵ月間、「うつ」という症状なしで生活することができました。麻布（注：筆者のクリニックの所在地）に通い出して一年以上が過ぎた今、ようやく私は「自分が麻布を利用している」という感覚を味わっています。それにともなって新しく見えてきたことをお伝えしたくて手紙を書きました。

二週間位前から、「うつ」とは違う、何かモヤモヤとしたものが心にあるということに気づきました。初めは「うつ」の前兆ではないかと恐れ、なるべくそのモヤモヤを見ないようにしました。けれども、だんだんそのモヤモヤが大きくなっていき、無視できなくなってきました。そこで覚悟を決めて、じっくりとそのモヤモヤと向き合ってみました。そうして出てきたものは〝寂しさ〟でした。それは「うつ」とは違う、とても深いシンとした寂しさでした。

先生、私は本当に寂しい子供でした。この一年、先生の話を聞いたり、本を読んだりして頭ではわかっているつもりでした。でも心の片すみに〝私は本当は愛されていたのではないか〟という想いがありました。うつの辛い状態の中で、両親をあれほど憎んだにもかかわらず、この幻想が捨て切れなかったのです。あの母の私に対する細々《こまごま》とした気づかいと世話、父との数少ないけれど、暖かい思い出。私は愛されていたと思いたかったのです。

でも、今、どうにもならない寂しさが心にあります。もちろん、両親の私に対するすべての行為、態度が私を傷つけたとは思っていません。でも、私への愛と見えた多くのものは、母が自分の不安、心の傷をおおいかくすものでした。私の母は夫から（おそらく親からも）かえりみられなかった、受け入れられなかったという寂しさを押し殺すために私を利用してしまったのだと思います。母は自分を絶対必要とする存在がどうしてもほしかったのだと思います。私は母から、「おまえは一人では生きていけないよ、私がいなければ何もできないよ」という子守唄を聞かされて育ったのです。

私はそのとおりの人間に育ちました。そしてこの母との関係を、私は他人との対人関係でも繰り返してきました。助けてもらえなければ、私は絶対ダメ、だから人を怒らせてはならない、嫌われてはならない、これが私の対人関係における鉄則でした。

では、父は、父にとって私はどんな存在だったのか――。今、辛いけれど私が思っていることは、おそらく父にとって私はどうでもいい存在だったのではないか、ということです。私の父は、酒と酒にまつわる人間関係、そして仕事、これさえあれば、十分だったのだと思います。先生、こんな人がなぜ、結婚し、子どもをつくったのでしょう。

私の中に残っているある風景、年に一度のクリスマス、私は五～六歳だったのでしょうか、毎日、必ずといっていいほど、飲んで遅く帰る父に私はいいました。「お父さん、今日は絶対、早く帰ってね、ケーキを買って待っているからね」。父は「うん、今日は必ず早く帰るよ」と約束して仕事に出かけました。夕方、待ち切れない私は、少し早目に父を迎えに出かけました。右手にはお寺とお墓、左手には田んぼがあるだけの田舎の一本道。その先に父の降りるバス停があるのです。バスが来るたびに私は期待して父の姿を探しました。でも何台バスが来ても、父は帰って来ませんでした。一時間以上もそうしていたでしょうか、もうあたりは真っ暗です。寒い寂しいその道にしゃがみこんで、地面に石ころで絵をかいている一人ぼっちの女の子。

「お父さんは、今日も帰って来ない」もうわかっているのです。でも諦め切れず、一心に絵をかいている女の子、それが私です。結局、母が迎えに来て、母に手をひかれ、トボトボ寂しい田舎道を帰ったのでした。その晩、父からは電話もありませんでした。

あのぽつりと道にしゃがみこんだ女の子が、私の中で泣いています。その子は、三〇年以上もあの寂しい道に一人きりで、帰って来るはずがない父を待ちつづけていたのかもしれません。私が求めても求めても、得られなかったものは、父からの愛でした。しかも、父の愛を求めることは、母を裏切ることでもあったのです。母から、これも呪文のように、

「悪いのはお父さん、うちの悪いことはみんなお父さんのせいよ」と聞かされつづけていたのですから。

先生、それでも、この寂しい子供は頑張りました。母の望む理想の「人形」になろう、母の顔色をうかがいながら、裏切られても、傷つけられても、父に愛される娘になろうと。でも、結局、頑張った末、この子が手に入れたものは「うつ病」という辛い病気でした。先生、このままでは、あの寂しい子供が、可哀想すぎますよね。ようやく泣くことを許された寂しい子供、今、私にできることは、この子と一緒に泣くこと。でも先生、私はもうあの寂しい子供を決して見捨てないつもりです。

先生、このシンとした寂しさ以外にも、私に新しく見えてきたことがあります。

それは「不安」でした。私が恐れ、忌み嫌っていた「うつ」が消えるという、私にとってとても喜ぶべき変化が、この一ヵ月起きたのですが、それにもかかわらず、この変化を不安に感じている私がいるのです。先生がいつか「うつがまだ、あなたにとって甘いアメになっているようだね」とおっしゃったことの意味がようやくわかったような気がします。これを自分で認めることは、とても辛いのですが、確かに私は辛いとばかり思っていた「うつ」から恩恵を受けていました。それは、人に甘えられる、助けてもらえる、責任をとらなくてすむということでした。

この女性とその親たちという三人の中で、ついに寂しさ（本書でいう「大人の寂しさ」）にたどりついたのはこの女性だけだった。というのが、この手紙の中に書かれていることである。父には酒と仕事があった。それ以上に家族との関係の貧しさに寂しさを感じることもないという重い感情鈍麻があった。母には一人娘という「お人形」がいた。「私がいなければ娘は生きられない」という「世話やきの酩酊」が、この母から寂しさの感覚を奪っていた。母はまた父を恨むという大忙しの仕事も抱えていて寂しいどころではなかった。長年、父と同じような感情鈍麻の中でロボット化していたこの女性は、夫と結婚してから、異様な感情を覚えるようになった。親たちから離れ、自分の家に一人でいるときの無気力、疲れ、退屈。彼女はこれをうつ病と名づけ、それを支持する専門医も多かったために、すぐ近くまできていた寂しさの感覚を掴みそこねた。その代わりに、彼女が大慌てで掴みとったのがタバコとアルコールである。アルコール依存による入院と、その精神病院からの脱出が彼女と私を出会わせた。そして、ついに彼女は今まで溺れていた抑うつ感とは違う、「シンとした寂しさ」の感覚にたどりついたのである。寂しさは、そこからさまざまな「豊かなもの」があふれ出す宝庫である。そのことに気づいたとき、人は、この女性と同様、次のような感慨を持つようになるだろう。

先生、今、私はどうしようもない〝感情の嵐〟の中にいます。私は、今、自分がかつていた「うつの暗闇の世界」がどんなものだったかがはっきりとわかった気がしています。それは、厚いくもりガラスの中の世界です。私は、その自分だけの世界にいる限り、とても安全でした。なぜなら、その中にいる限り、私は〝感じない〟でいられたのです。自分が感じたくないもの、見たくないものなどを。そこは、色もない、音もない暗闇の世界でした。でも、その「私だけの部屋」は、私にとって安全であると同時に非常に恐ろしい所でもありました。なぜなら、そこは、私からすべてのもの、喜びも、悲しみも、音も、光も、愛も、とにかく何もかもを奪ってしまう、感じなくしてしまう世界だったからです。

私は、ここ何年もの間、〝生物〟として生きてはいましたが、魂は死にかけていました。今、私は、つい四ヵ月ほど前まで自分がいたこの「うつ」の世界、これは、最も〝死〟に近い世界だったのではないか、と思っています。死後のことはわかりませんが、もしかしたら、それは、本物の〝死〟よりもっと〝死〟に近い世界かも知れません。

先生、人間は、本当に皆（もちろん私自身も含めて）、哀しく、でも限りなく優しい存在ですね。私は、この四ヵ月ほどの間に、ドアが少しずつ開き、今、その外の世界にポンと出たため、その激しい落差に混乱しています。〝感じること〟、本当に〝生きること〟が、こんなにも、辛く、哀しいものであったことに当惑しています。でも、やはり、あの「私だけの部屋」には二度と戻りたくはありません。なぜなら、こんなに悲しく、辛いと同時に、生きることは、こんなに楽しく、嬉しいことだということもはっきりと実感しているからです。

私は今、今まで信じたくても、信じられなかった「真実」を、ようやく本当に信じられる自分を感じています。それは「人は心から願えば、必ず、願ったとおりになる」という真実です。そして、自分の人生に起きること、出会う人、もの、全ては、自分にとって不必要なことは何もない、という真実です。

この手紙を書いた女性は、うつ病と診断されるようになるまで、有能な会社員として働いていた。父親と同じように、喜怒哀楽の鈍麻した企業ロボットだった。彼女はかつての自分が身を置いていた場を、「厚いくもりガラスの中の世界」と呼んでいる。この本と、ここに紹介した手紙を、まだこの世界に居つづけている人々に届けたいものである。

斎藤　学

本書は、一九九七年に小社より刊行されたものに加筆し文庫化致しました。

斎藤 学（さいとう・さとる）
一九四一年、東京都生まれ。慶應義塾大学医学部卒業。医学博士。家族機能研究所代表。さいとうクリニック理事長。アルコール依存・薬物依存などの嗜癖（依存症）研究の第一人者。過食症・拒食症、児童虐待など、多岐にわたる「現代社会の病」をつきつめていくと、健全に機能していない「家族」のあり方にその要因をみることができると説く。独自のスタイルで治療・研究を行い、各方面から厚い信頼と支持を得ている。セルフヘルプ（自助）グループの活動支援、執筆、講演などでも活躍中。
著書に『依存症と家族』、『アダルト・チルドレンと家族』（学陽書房）、『インナーマザー』（新講社）、『自分の居場所のみつけかた』（大和書房）がある他、翻訳書など多数。

だいわ文庫

「自分《じぶん》のために生《い》きていける」ということ
寂《さび》しくて、退屈《たいくつ》な人《ひと》たちへ

著者 斎藤《さいとう》 学《さとる》

二〇一〇年一〇月一五日第一刷発行
二〇二〇年六月一〇日第四刷発行

発行者 佐藤 靖
発行所 大和《だいわ》書房
東京都文京区関口一-三三-四 〒一一二-〇〇一四
電話 〇三-三二〇三-四五一一
振替 〇〇一六〇-九-六四二二七

装幀者 鈴木成一デザイン室
本文デザイン 相馬孝江(TYPEFACE)
編集協力 波乗社
本文印刷 三松堂印刷
カバー印刷 山一印刷
製本 ナショナル製本

ISBN978-4-479-30308-4
乱丁本・落丁本はお取り替えいたします。
http://www.daiwashobo.co.jp

好評既刊

斎藤　学

自分の居場所のみつけかた

ベストセラー『「自分のために生きていける」ということ』の続編。自分はここにいていいのか？　生きづらさを生きる力に変える本。

1575円

定価は税込み（5%）です。定価は変更することがあります。